高校后勤工作
理论与实践探索

孙娟　吕博群　著

延吉·延边大学出版社

图书在版编目（CIP）数据

高校后勤工作理论与实践探索 / 孙娟，吕博群著 .
-- 延吉：延边大学出版社，2023.10
ISBN 978-7-230-05774-5

Ⅰ . ①高… Ⅱ . ①孙… ②吕… Ⅲ . ①高等学校—后
勤管理—研究—中国 Ⅳ . ① G647.4

中国国家版本馆 CIP 数据核字 (2023) 第 207710 号

高校后勤工作理论与实践探索

著　　者：孙　娟　吕博群
责任编辑：史　雪
封面设计：文合文化
出版发行：延边大学出版社
社　　址：吉林省延吉市公园路 977 号　　　　邮　编：133002
网　　址：http://www.ydcbs.com　　　　　　E-mail：ydcbs@ydcbs.com
电　　话：0433-2732435　　　　　　　　　传　真：0433-2732434
印　　刷：三河市嵩川印刷有限公司
开　　本：787 毫米 ×1092 毫米　1/16
印　　张：15.25
字　　数：230 千字
版　　次：2023 年 10 月第 1 版
印　　次：2024 年 1 月第 1 次印刷
书　　号：ISBN 978-7-230-05774-5

定　　价：78.00 元

前　言

高校后勤工作研究随着高校后勤改革的深入而不断推进。在新的历史时期，我们一方面着眼于市场经济体系日益成熟的社会现实，另一方面着眼于科学发展观的时代要求和高校的特殊性，对高校后勤改革理论成果、实践探索进行归纳总结，梳理出若干共性，尽可能进行深入研究，力争对高校后勤工作有一定的指导作用。

我们以推动学校科学发展、办好师生满意的高校后勤为目标，组织学校后勤管理领域的员工，梳理日常工作的经验与感受，走访兄弟院校交流和学习，召开教工、学生、委托公司等各方座谈会，通过问卷访谈了解服务对象的满意程度，咨询专家、学者政策依据和发展理念，结合高校后勤工作实践，从人力资源建设、业务管理（资产管理、伙食管理、公寓管理）、服务育人、社会化等高校后勤工作的诸多方面，对高校后勤管理工作规律和革新举措做出了有益的探索，将后勤管理者和一线职工在工作实践中的探索与思考汇集成册。

本书力求突出以下特点：一是系统性。从宏观到微观、从理论到实践，分析全面透彻。二是时代性。本书对高校后勤工作的现状进行了深刻的剖析，提出了发展的具体思路和对策，并对新时期的后勤工作进行了预测和展望，紧扣现实，面对未来，具有很强的时代性。三是实用性。本书针对的是主管高校工作的教育行政部门和高校内部的后勤工作者。对主管部门和领导来说，能在决策过程中起参谋作用；对高校内部的后勤工作者而言，可以帮助他们认识后勤工作的规律，提高工作的效率和质量。四是创新性。本书的框架体系新颖合理，对策措施有独到见解。总之，本书既有理论探索，又有实证分析，还有对策建议及设计方案，力求理论联系实际，希望能为高校后勤工作实践提供有益的支持和帮助。

在本书的写作中，孙娟负责前三章的写作，共计 12 万字；吕博群负责后三章的写作，共计 11 万字。

目　录

第一章　绪　论

第一节　高校后勤服务的概述及基本环节

一、高校后勤服务概述

（一）高校后勤服务概念

我国的高校后勤服务是与高等教育相伴而生的。历来，高校后勤服务就是高校开展教学科研活动的保障工作，其主要内容是根据教学科研活动需要，承担学校师生的生活保障、校园房屋及配套设施的维修、养护管理和学校环境卫生清洁管理等。

现代高校后勤服务，是把高校后勤工作中的具有服务性质的部分剥离出来，委托给专业的服务机构，根据服务产品的市场需求来运作，从而为高校的师生提供生活保障，为高校的教学科研活动提供后勤保障。可见，无论是在后勤服务的内容上还是形式上，传统意义上的高校后勤服务与现代的高校后勤服务都存在着根本性的差异。现代高校后勤服务是一种专业化、企业化的服务，它从传统的高校后勤管理体系的约束中解放出来，根据市场规律进行运作，自我发展成为高校后勤独立、完整的服务体系，为高校及其教职工和学生提供符合需求的服务产品。综上，可以对现代高校后勤服务进行如下定义：高校后勤服务是指高校后勤服务组织受高校委托，对高校房屋建筑及附属设备、校园公共设施设备与相关场地进行维修养护管理，维护教学区和生活区的环境卫生和秩序，为教职工和学生提供生活保障服务的活动。

（二）高校后勤服务的性质

高校后勤服务是一种与高校教学科研活动密切相关的综合性服务，是以"市场提供服务、学校自主选择、政府宏观调控、行业自律管理、职能部门监管"的新型高校后勤保障体系的要求为基础，与高校教学科研活动需要相适应，遵循市场规律运作，提供规范化、专业化的服务。因此，高校后勤服务具有服务性质，属于第三产业。

高校后勤服务是应我国高等教育发展需要，符合社会和市场经济发展规律而产生的新兴服务产业，是社会分工进一步细化的大环境下的产物。在这一行业中，后勤服务的主体由原来的高校后勤管理的行政部门转变为社会化专业服务组织。这一组织可能是由原本的高校后勤管理服务机构转化而来的，也可能是由社会相关经营性质的企业转型而来的，抑或是完全按照市场化运营规律组织起来的经济组织。所以，它的投资主体可以是国家、个人，也可以由高校和其他经济组织共同构成，这些并不影响该组织的经营服务活动。

当前，我国并未对高校后勤服务市场准入做出特定的条件限制，但随着这一新兴服务行业的不断发展，未来，高校后勤服务市场准入方面不可避免地会有严格的资质条件限制。但需要注意的是，该限制主要是为了规范高校的后勤服务行为，提高后勤服务质量，而非出于对后勤服务主体资格以及市场行业垄断方面的考量。

（三）高校后勤服务的基本特征

高校后勤作为社会新兴的服务业，它有明显区别于其他经营活动的本质特征，这些特殊的性质使其与其他经营活动有所区别。不能正确认识高校后勤服务的本质特征，就不能做到规范经营行为，实施专业化、规范化的服务。高校后勤服务主要有以下几个特征：

1. 教育属性是高校后勤服务的根本属性

高校后勤服务具有教育属性，是因为它从属于高校教学科研活动，是高校工作的组成部分。高校后勤服务是高校教学科研活动的必要条件和组成部分。

高校后勤服务的教育属性具有间接性。高校后勤服务是辅助教学科研活动的综合性服务，它是教学科研活动的一个相对独立的环节，仍然属于教学科研活动的范畴。开展教学科研活动离不开后勤服务的综合保障，后勤服务无法离开服务对象而独立存在，两者是相互依存的关系。将高校后勤服务从高校后勤行政事务管理中剥离，委托给专业的服务组织操作，并没有改变高校后勤服务的性质，其所具有的教育属性并没有发生质的变化。高校后勤服务的教育属性不是通过教学科研活动直接表现出来的，而是通过保障教学科研活动间接表现出来的。

高校后勤服务的教育属性具有规范性。高校后勤服务的服务对象是高校的教职工和学生，后勤服务行为规范对高校学生的行为方式具有规范作用。高校学习阶段是学生人生观、价值观形成的重要时期。高校后勤服务按照高校的学生管理制度，通过为学生在校期间的集体生活提供规范的服务，影响学生的生活习惯和行为方式，配合高校对学生的思想品德教育，实现高校培养学生综合素质的目标。当然，在管理服务操作过程中，操作者规范化的服务行为对学生良好的生活习惯和行为方式的养成也具有一定的示范作用。

分析高校后勤服务的属性，要仔细辨析高校后勤服务和高校后勤服务组织两个概念，不能将它们混淆。前者是一种服务活动，后者是一个经济组织。高校后勤服务的教育属性是就服务活动的性质而言，它并不排斥社会其他性质服务组织的参与。在高校后勤服务活动中，参与者可以是高校后勤服务机构专门服务组织，也可以是社会服务企业。一个组织参与高校后勤服务活动，就是参与教育活动，教育属性是高校后勤服务活动的本质属性。

高校管理体制改革，将高校后勤服务从高校后勤管理中剥离，使高校后勤服务按照市场规律运作，这是适应高等教育的发展、优化高等教育资源、提高高校办学效益的必然要求。后勤服务的市场化，并没有使其失去后勤服务的教育属性，只是突出了后勤的服务性，以便于后勤服务专业化的发展，从而使其更好地作用于教学科研工作，为教学科研工作提供有力的支撑。

2. 服务属性是高校后勤服务的重要属性

高校后勤服务的主要作用是通过专业高效的服务来保障高校教学和科研工作的顺利进行。

按照经营理论，经济组织的最终目的是追求利润的最大化，营利是它的最终目标。但是，经营与服务并不矛盾，两者是相辅相成的关系。其一，服务型经济组织的经营利润是通过服务的方式而获取的，经营利润来自市场，市场来自服务。没有高效优质的服务就没有经营市场，没有市场经营利润就无从谈起。其二，当代高等教育机构的发展需要专业化、规范化的后勤服务保障，潜在的市场需求为专业的高校后勤服务组织提供了广阔的市场空间。牢牢地把握市场经营规律，提升后勤服务的专业化水平，通过提供优质服务在高校后勤服务市场中获得发展是高校后勤服务组织的立足之本。

实现立足高校后勤服务的根本，实现组织的经营目的，高校后勤服务组织必须强调"为高校教学科研服务，为学生和教职工服务"的宗旨，这也是高校后勤服务在高校后勤这个特定服务对象中的必然要求。

3. 高校后勤服务突出行政主导作用

高校根据教学科研工作的需要，在特定的发展阶段有特殊的后勤服务要求。委托哪些服务内容，采取什么样的服务形式，最终都取决于高校教学科研活动的需要。

后勤服务作为教学科研活动的重要保障，适时采取不同的保障措施，是高校实现预期教学科研工作目标的重要条件之一。

高校作为后勤服务的委托方，根据教学科研活动的需要，决定后勤保障服务的委托内容，也决定后勤保障服务的具体形式。在后勤服务工作中，高校有权对后勤服务具体事项的管理制度进行制定和修改，有权对后勤服务行为进行监督。必要时，高校有权根据教学科研活动的要求，要求后勤服务组织改变不适当的服务方式，有权对后勤服务重大事项行使介入权进行干预。高校的上述权利是委托关系中委托方的权利。因此，在高校后勤服务中，高校处于主导地位。

4. 高校后勤服务种类多、系统性强、内容丰富

与其他服务行业相比，高校后勤服务规模较大，内容种类繁多，包括教学区综合服务、学生餐饮服务、学生公寓管理服务、住宅区物业管理服务、供水供电保障服务以及供暖、洗浴和开水供应等服务项目。这些内容都是保证教学科研工作的顺利开展所不可缺少的，它们共同构成了一套完整的服务保障系统。

高校后勤服务的上述内容，使得高校后勤服务操作起来比较复杂。例如，仅在高校物业服务项目中，就包括学校住宅区物业服务、教学楼物业服务、公寓物业服务等多种类型。这些服务的内容和操作方法都会

涉及物业管理的规范。在高校后勤服务的大环境中，物业服务必须作为高校后勤服务体系中的一个组成部分、一个环节而存在，并根据高校的特殊性质调整服务的内容和操作方式，从而实现物业服务的社会效益和经济效益，实现高校物业服务的预期目标。

5. 高校后勤服务专业化要求高

高校后勤服务的内容及其管理对象的构成，决定了它的专业化要求高的特点。

首先，要想在这个规模庞大而复杂的系统中实施标准规范的服务，必须有足够数量的经营管理人才，否则难以有效地协调运作整个系统；其次，各式各样的房屋建筑、供水、空调、洗浴和开水等设施设备，都要求配备具有相应专业技能的技术管理人员；再次，在高校后勤服务操作中，每个项目、每个环节都必须统一协调动作，才能发挥专业化后勤保障服务的作用；最后，高校后勤服务组织必须有完善的管理制度、规范的操作程序，才能发挥高校后勤服务的最大效能。

6. 高校后勤服务安全管理要求高

高校后勤服务安全管理要求高，主要有两个方面的因素。

其一，学生进入高校学习期间，高校对学生的安全负有一定的管理责任。高校有义务为在校学生提供安全的学习生活环境，保证学生的人身、财产安全。高校将后勤服务委托给服务组织，服务组织就要根据委托要求，承担相应的安全管理责任。例如，学生公寓的安全管理服务，要注意落实各项安全管理措施，防止发生火灾、打架斗殴、盗窃等各类安全事故。

其二，高校是青年学生集中的场所，青年学生喜好运动、充满活力，在业余文化体育活动中容易发生人身伤害事故。在后勤服务操作中，应当注意学生的这一特点，充分考虑学生的人身安全问题。例如，对设施设备的维修、养护管理要把使用安全作为一项重要内容，要加强对设备器材的使用安全管理。要提高用电设备、教室设备和公寓家具的安全性、牢固性和耐用性，要加强对公共场所的体育健身、文化休闲设施设备的使用安全管理。在维修养护中，对教室桌椅、公寓家具等用具的修缮要注意尽量避免使用尖锐、凸出的养护材料等。

7. 高校后勤服务具有时段性

高校的教学工作具有时段性的特点。每天的教学时间固定，每年的寒暑假期固定。高校后勤服务应当根据教学工作的这个特点，合理安排项目服务计划，做好高校教学科研活动的后勤保障。例如，根据教学楼的使用时间安排好清洁卫生作业和维修作业，利用寒暑假期间安排公寓房屋设施及附属设备的维修、养护等。

二、高校后勤服务基本内容

（一）高校后勤服务内容的划分

高校后勤服务的内容极为丰富，可以被划分为很多种。通常为了实施后勤服务项目管理的方便，有以下几种划分方法：

1. 按照后勤服务对象划分

按照后勤服务对象划分，高校后勤服务可以被划分为教学园区服务和生活园区服务两大类。

教学园区服务包括：

① 办公场所服务。

② 教学场所服务。

③ 实验场所服务。

④ 图书馆服务。

⑤ 文化体育场馆服务。

⑥ 交通服务。

⑦ 园林绿化管理服务。

⑧ 水电运行保障服务。

⑨ 供暖及空调服务等。

生活园区服务包括：

① 学生公寓管理服务。

② 教职工生活区物业服务。

③ 学生饮食服务。

④ 洗浴、开水房管理服务。

⑤ 供暖服务等。

2. 按照服务性质划分

按照后勤服务的经营性质划分，高校后勤服务可以被划分为保障型服务和经营型服务两大类。

这种划分方法是近年来高校后勤体制改革中新出现的划分方法，在后勤服务管理中更具有实际意义。按照这种划分方法，可以将后勤一些经营性的项目从服务项目中分离出来，采取不同的委托方式进行委托，使后勤服务项目的内容更加清晰明确，便于后勤服务的专业化发展和高校对后勤服务的规范委托和管理。

保障型服务包括：

① 办公场所服务。

② 教学场所服务。

③ 实验实习场所服务。

④ 图书馆服务。

⑤ 文化体育场馆服务。

⑥ 交通服务。

⑦ 学生公寓管理服务。

⑧ 学生餐饮服务。

⑨ 园林绿化管理服务。

⑩ 水电运行保障服务。

经营型服务包括：

① 商品零售经营。

② 幼儿园管理。

③ 生活区物业服务。

④ 家政服务。

按照后勤服务的经营性质划分高校后勤服务内容，并将相应的服务内容划分到后勤保障范围。对直接保障教学科研活动的服务项目，按照非营利性的保障性服务项目进行管理，将所得利润用于改善后勤服务的基本条件，不作为后勤服务组织的盈利进行内部分配。而营利性经营性项目的服务，所得利润一部分作为组织的公积金积累，一部分按照组织章程的规定进行内部分配。这种服务内容划分和后勤服务项目管理的实践，是近年高校后勤体制改革中一种创新的做法。

3. 按照后勤服务方式划分

按照后勤服务的方式划分，是借鉴当代物业管理理论的划分方法，这种划分将高校后勤服务划分为常规性后勤服务、专项后勤服务和特约服务。

常规性后勤服务是指高校后勤通常应当提供的服务内容，也是后勤最基本的服务内容。常规性后勤服务的目的是为教学科研活动和教职工、学生生活提供后勤保障服务，是高校后勤服务的基本要求。

常规性后勤服务包括以下内容：

① 校园环境卫生清洁服务。

② 校园园林绿化管理服务。

③ 校园公共设施设备维护服务。

④ 校园车辆管理服务。

⑤ 教学区综合管理服务。

⑥ 水电运行保障服务。

⑦ 供暖、空调、洗浴及开水供应管理服务。

⑧ 学生公寓管理服务。

⑨ 生活区物业服务。

⑩ 餐饮服务。

专项后勤服务是指为提高学生和教职工的学习工作和生活条件，满足其中一些学生和教职工的需要而提供的服务。专项后勤服务的目的，是为学生和教职工的学习工作和生活提供方便，满足后勤服务对象的日常需求。专项后勤服务具有高校后勤分工历史延续性的特点，在传统的高校内部管理中，属于后勤事务性管理。按照高校后勤体制改革的要求，目前高校后勤分工经营或服务的内容，仍然被划归为高校后勤服务组织经营或管理。

专项后勤服务包括商品经营、办公事务服务、票务代理等。

特约后勤服务是指为满足高校的特殊需求和教职工及学生的个别需求，接受其委托而提供的服务。特约后勤服务不是后勤服务组织必须开展的经营服务内容，它是在高校体制改革中，将教学科研活动之外不便于直接管理的事务委托给后勤服务组织管理。这部分特约服务内容的委托不具有普遍性，根据高校各自的实际情况而定。

特约后勤服务包括教材采购、交通通勤服务、会务接待服务等。

后勤服务内容的划分，在实际操作中，要根据委托高校的实际情况进行确定。例如，有的高校将后勤服务按照服务实体的经营性质进行划分。服务型的实体专门为高校提供后勤保障服务，经营型的实体专门承担后勤服务组织的市场经营项目，饮食服务实体专门承担学生餐饮供应服务。在划分出来的三个经营服务实体中，分别按照教学科研保障内容实行利润返还；按照学生食堂的经营补贴政策实行成本化的管理；按照市场化经营项目实行经营利润分配的方法。这种按照后勤服务实体划分服务内容的方法，是对后勤服务及其管理的一种很有意义的探索，对高校后勤服务行业的发展具有重要的影响。

（二）高校后勤服务的方式

在高校后勤服务中，服务方式被分为委托服务和委托经营两种。

1. 委托服务的方式

委托服务的方式通常存在于保障型后勤服务项目中。保障型后勤服务一般要求后勤服务组织按照委托要求提供服务，高校向后勤服务组织支付相应的服务费用。

委托服务的保障型后勤服务项目，应当将委托服务的内容、质量标准、服务期限、服务费用以及委托双方的权利义务等，用合同的形式进行约定。

2. 委托经营的方式

委托经营的方式通常存在于经营型的后勤服务中。经营型后勤服务有的是高校后勤历史延续下来的经营项目，有的是高校体制改革从教学科研工作中分离出来的项目。对于这部分服务内容，要求后勤服务组织按照高校的委托独立经营、自负盈亏，所得经营利润按照约定的分配比例上缴高校，或者后勤服务组织按照约定的金额向高校上缴经营费用。

三、高校后勤服务的基本环节

高校后勤服务是一个复杂的系统工程，按照社会化市场运作的要求，高校后勤服务运作过程主要包括高校后勤服务项目的策划阶段、启动实施阶段、日常运作阶段和撤管阶段等几个基本阶段。

（一）高校后勤服务项目的策划阶段

高校后勤服务项目的策划，指根据高校后勤服务市场需求情况和组织的经营特点选择服务对象，并谋划、确定服务方式和组织经营预期目标的过程。这一阶段又包括前期市场调研、高校后勤服务方案的制定和高校后勤服务委托合同的拟定三个基本环节。

1. 前期市场调研

前期市场调研，就是对初步选定的后勤服务项目，进行项目服务功能规划、现实需求和潜在需求、运作基础设施条件、经营环境等因素的调查研究，进行服务需求与组织的经营实力和专业特点的分析，并对后勤服务项目的可行性进行全面论证。前期市场调研是后勤服务运作的基础，也是实现组织预期经营目标的关键环节。

在进行市场调研时，我们不但要了解后勤服务项目构成情况、各个项目的基础资料和当前运行情况、管理模式的演变过程以及各个项目与高校相关管理部门的关系等，还要分析承接服务项目后一些细节问题对实现委托要求的影响。诸如，水电运行管理项目中的水电运行管理责任划分、供应容量及扩容余量、设施设备产权确定等；饮食服务项目中的餐饮设施设备情况、就餐学生及特殊饮食要求等；教学办公楼宇安全管理项目中的楼宇安全监控设备情况、消防设备情况等；物业服务项目中的物业封闭条件、监控系统条件、道路交通条件、车辆停放场地情况等；校园卫生清洁项目中的垃圾处理责任划分、垃圾收集方式、清运地点等。这些细节问题，有的直接影响服务质量的实现，有的影响服务组织的经营效果。因此，在后勤服务策划阶段，必须重视前期市场调研工作，而且还要选派具有实践经验的专业管理人员、工程技术人员仔细地进行实地考察，反复论证。

前期市场调研的目的，最终是为决策提供科学依据，争取获得较好的社会效益和经济效益。因此，后勤服务前期调研工作的主要任务，就是进行项目的可行性研究，向决策机关提出项目的可行性研究报告。前期市场调研一般包括以下主要内容：

①项目基本情况分析。

②市场与潜在的需求分析。

③企业经济、专业技术条件分析。

④项目实施方案及其过程研究。

⑤经营成本及回报率研究。

⑥项目社会和经济效益分析。

⑦结论。

2. 高校后勤服务方案的制定

完成市场可行性论证后，就要根据服务对象的需求制定具体的高校后勤服务方案。

在高校后勤服务活动中，高校后勤服务方案主要有两方面作用。其一，方案是进行托管服务的总体规划，是服务思想和服务水平的体现，是具体的实施方法。其二，方案是合同双方签订高校后勤服务委托合同的基础。委托方通过具体的方案可以了解托管方服务思想，了解服务组织的综合服务能力。方案是签订合同的基础，就是在了解服务组织准备托管项目的服务模式、整体服务档次、服务质量标准、主要管理措施、成本费用预测等主要内容后，如果符合高校的后勤服务整体需求，便可以参照方案的具体内容签订合同条款。

（1）制定高校后勤服务方案的方法与步骤

①成立方案工作小组。高校后勤服务方案内容涉及托管服务项目专业化操作，也涉及组织内部经营运作机制。因此，制定高校后勤服务方

案应当成立专门的工作小组，由服务组织的领导负责，组织工程技术部门、财务部门等相关专业部门的有关人员参加。

② 研讨市场调研资料。市场调研结论只是服务组织的市场开发部进行市场开发的一个项目，在服务组织决策前依然属于市场开发诸多项目中的选择项目。当后勤服务组织选定其中一个项目后，则需要立项启动实施。项目前期调研可行性结论提交决策机构批准立项后，方案制定工作小组还要对项目前期调研结论进行再次的研讨、论证。从高校发展需求及其政策指引、组织内部运作机制、专业技术能力以及托管服务环境几个方面综合分析，确认项目决策的可行性。

③ 确定高校后勤服务方案要点。在服务项目立项的基础上，要进一步确定服务方案的实施要点。主要包括项目概况、服务模式、整体服务档次、服务质量标准、分项服务内容实施要点、主要管理措施、成本费用预测等。

④ 拟订方案文本。要点确定之后，开始草拟服务方案文本。草拟服务方案文本的过程是对目标项目再认识的过程，要经过多次的反复修改，尽可能地多听取专家和资深后勤服务管理人员的意见。在草拟的过程中，要不断提高对项目部分与整体之间相互关系的认识，使方案文本整体与部分的管理思路缜密、清晰，文字表述准确，要点突出，具有可操作性。

⑤ 提交决策机构审核。经过小组拟定的方案，按照经营决策程序需要送交组织决策机构审议。

⑥ 方案文本定稿。决策机构审议的方案文本，必要时还要根据决策机构的意见进行再次修改完善，之后即为定稿的方案。

（2）高校后勤服务方案内容

决定高校后勤服务方案的内容，不同的委托项目决定方案内容的区别。方案编写迄今尚未有统一的格式要求。通常，一个完整的高校后勤服务方案应当包括以下内容：

① 项目服务规划。项目服务规划是最直接体现项目服务水平的内容。具体包括：项目概况和特点、项目服务需求分析、服务的指导思想、服务的档次、服务的主要管理措施等内容。

② 项目管理模式。项目管理模式包括服务管理运作模式、相应的机构设置及人力资源配置、项目服务管理流程、信息处理机制等内容。

③ 服务内容与质量标准。高校后勤服务方案的核心内容，是项目服务内容和质量标准。项目服务内容和质量标准包括委托方需要提供的具体服务内容，以及提供服务所要达到的质量标准。

④ 项目管理制度。项目管理制度是实现规范化服务的保障，是服务项目管理的文字化表述。高校后勤服务组织在提供服务的过程中，表现出与其他服务的不同，在于所提供的服务具有很多的管理行为，服务的过程在很大程度上具有履行委托方赋予的管理职责。因此，这一部分内容编写分为组织内部管理制度和公共管理制度两个部分。

⑤ 内部管理制度。内部管理制度是服务组织管理机制的表现，可以使委托方了解服务组织的内部管理措施。譬如，员工日常行为规范、劳动纪律管理规定等。

⑥ 公共管理制度。公共管理制度体现组织专业化、规范化服务的具体措施，如学生公寓使用管理规定、安全消防管理规定、教学办公楼宇安全管理规定、突发事件紧急处理办法、住宅室内装饰装修管理服务协议、业主接待及投诉处理程序等。

⑦ 外部管理制度。在项目管理制度编写中，外部管理制度是这一部分的核心内容。应当依据国家的现行法律法规和高校规范性文件，既要体现依法管理，又要强调以人为本的服务宗旨。

⑧ 成本收支测算。成本收支测算是高校后勤服务方案的重要内容，这部分内容通常包括服务成本构成、服务价格构成、服务及经营收入预算资金的筹集等。编写这部分内容的目的，在于使委托方了解后勤服务成本构成、服务价格，以及服务组织的预期利润，以便委托方及时支付服务费用，保证服务正常开展。

3. 高校后勤服务委托合同的订立

高校后勤服务委托合同是实施高校后勤托管服务的依据，是确定合同双方的权利义务的法律文件。委托合同的订立，标志着高校后勤服务活动进入运作阶段，合同双方开始履行合同条款的准备，按照合同确定的起始日期全面履行合同。

高校后勤服务委托合同是有偿合同，应当采用书面形式订立。通常，高校后勤服务委托合同包括以下内容：

（1）双方当事人名称、住所

双方当事人名称、住所是合同的必备条款。当事人的名称在民事法律行为中具有特殊的意义。高校的名称表明了它的行政隶属关系，发生民事纠纷时可以通过它的主管行政部门进行调解、裁决，以达到实现行政救济的目的；后勤服务组织的名称既表明它的工商管理关系，也表明它的民事行为能力。在缔结合同时，当事人是否具有相应的民事行为能力对合同的成立和履行具有决定意义。当事人的住所在法律上具有确定诉讼管辖权的意义。高校后勤服务合同中的当事人，一方是依法设立的事业法人，一方是依法成立的企业法人或其他经济组织。如果合同双方未在合同中特别约定发生合同纠纷时的诉讼管辖法院，则可以根据双方当事人的住所确定地域管辖。

（2）后勤服务委托事项

委托事项就是具体的后勤服务内容。在后勤服务合同中，委托事项要根据高校的具体情况确定。通常情况下，高校的后勤委托服务内容包括：校园环境管理服务、校园卫生清洁服务、校园车辆停泊秩序管理服务、校园公共设施设备管理服务、教学办公楼宇管理服务、供暖及空调管理服务、水电运行管理服务、园艺绿化管理服务、学生公寓管理服务、学生餐饮服务、洗浴及开水房管理服务、住宅区物业管理服务、商业零售服务等。这些内容，有的全部委托一个专业的后勤服务组织实施托管，有的分别委托给几个后勤服务组织实施托管。服务事项在合同中应当逐条逐项列出，要求表述准确，避免出现同义模糊。

（3）服务质量要求

服务质量要求是高校后勤服务合同的质量条款。双方当事人应当在合同中明确服务质量要求，以避免在合同履行过程中发生纠纷。在合同纠纷中，大量的争议出现在对合同履行质量要求的理解方面。因此，质量条款无论在哪类合同中都是重要的条款。依据《中华人民共和国民法典》的规定，当事人就合同质量要求没有约定或者约定不明确的，可以协议补充约定，能达成补充协议的，应当按照国家标准行业标准履行。没有国家标准、行业标准的，按照通常标准或者符合合同目的的特定标准履行。现阶段，高校后勤服务行业尚未有国家或者行业组织制定的服务质量标准，但存在大量的行政规范性文件，这些都可以作为约定合同服务质量的参考依据。此外，后勤服务组织在长期服务中形成的质量标准或者服务质量要求，也可以作为约定合同质量条款的参照。

（4）服务费用

高校后勤服务合同是有偿合同，合同的价款或报酬的约定是此类合同的必备条款。由于高校后勤服务价格实行市场调节价，即由经营者自主制定，并通过市场竞争形成的价格。因此，合同当事人可以依据当时提供服务的市场价格约定合同报酬。

在订立高校后勤服务合同时，要注意有些服务项目的经营服务费用与经营服务收入的区别。经营服务费用，是后勤服务组织履行合同提供后勤服务的成本和服务利润。经营服务收入，是后勤服务经营服务项目的收入。经营服务收入根据国家教育和物价行政部门核定价格标准收费，所得的收入要全部上缴高校，由高校按照国家规定的收费政策执行。例如，在学生公寓管理服务中，服务费用的测算依据是服务的成本和合理的利润，所得收入完全归属于后勤服务组织。而根据公寓住宿费价格标准收取的住宿费，是根据政府物价部门的定价收费的，这部分收费应当全额上缴高校，由高校按照事业性收费管理的规定处理。

此外，订立后勤服务合同还涉及高校住宅生活区物业服务收费标准及收费方式。在高校住宅区物业服务项目中，根据物业服务收费管理办法规定，以及当地政府物价部门和物业管理部门规定的物业服务收费指导价格，所收取的物业服务费实行服务费用包干制的，物业服务费应当归属于物业服务组织；实行服务费用酬金制的，物业服务费属于预收代管资金的性质，资金归属业主所有。物业服务组织只能使用预收资金用于服务的支出，应得的服务酬金按照约定的数额或者约定的预收代管资金的比例提取。

（5）双方的权利义务

合同当事人双方的权利义务不是合同的必备条款。按照我国合同订立的一般习惯，都把当事人双方的权利义务作为合同条款进行规定，所以在法学界，有的学者将此定为合同的普通条款。此类条款的内容大都是规定当事人在履行合同中的责任归属和发生情势变更时的处理方法，也有将订立合同时不能预见的情况规定在此类条款中。但是，因为法律只能对已经发生并且需要调整的法律行为进行规定，并不能事先将可能发生的所有经济活动的每一个细节做出规范，所以对于履行合同的特殊要求依然有必要进行约定，特别是对于高校后勤服务这个新的服务行业中的合同履行行为的规范，有必要约定合同当事人双方的权利义务，以避免服务过程中的随意性以及履约责任不清的问题，这对于培育并规范高校后勤服务市场尤为重要。

高校后勤服务合同双方权利义务条款的内容，一般包括后勤服务组织使用高校房屋设施相关资产、自建经济适用房或房改售房、生活区物业服务费用不足、服务组织为高校的利益进行转委托等问题的处理，以及在履行服务过程中可能发生问题的约定。高校设施设备的使用是高校后勤服务活动中应当约定的问题，而且是极易引发纠纷的问题。从服务与接受服务的角度分析，服务组织必须具备提供服务的物质条件，包括具有必要的机具设备。但是这些条件都是辅助性的，是提供高校各类设施设备的维修、养护服务的。服务组织必备的设施设备条件限于设施设备维护服务所需要，而不是提供高校后勤保障所需的设施设备。在服务的过程中，服务借助于高校的设施设备，甚至服务的内容就是管理设施设备。譬如，餐饮服务中，服务组织只是供应餐饮，服务中所使用的餐厅、厨具设备、用餐设施应当由接受服务方提供。再如，水电运行管理服务中，服务组织只是负责水电设备的运行管理，水电设施设备诸如配电室设备、电网设施设备都是高校应当具备的。

从委托与被委托的法律关系上分析，委托方需要服务，受委托方提供服务。服务对象不仅包括人，也包括委托方所有的物——各类房屋设施、公共设施设备和场地等。按照委托关系，委托方应当为受委托方实现委托目的（委托方利益）提供必要的协助，这是委托方的义务。因此，在订立高校后勤服务委托合同中，有必要对为实现合同目的受委托方使用委托方的设施设备做出约定。通常情况下，为高校后勤保障目的而使用前述设施设备，委托方应当无偿提供。如果出于经营目的使用前述设施设备，则应当以有偿使用为原则，双方应当在合同中明确约定有偿使用的具体办法。譬如，利用高校场馆设施或场地经营，应当向高校缴纳使用费用。

（二）高校后勤服务项目的启动实施阶段

以后勤服务项目接管为标志，高校后勤服务正式进入全面实施阶段。本阶段的主要任务是按照委托服务合同的要求，对后勤管理服务事项进行全面接管，并且建立健全项目接管档案资料，以便于定期核查资产以及项目的撤管移交等。

1.高校后勤服务项目的接管

（1）项目接管

后勤服务项目的接管，包括新建高校后勤项目的接管和原有高校后勤项目的接管。在高校后勤服务实务中，新建项目接管情况较为多见。新建项目除房屋设施设备由高校相关管理部门管理，不作为服务项目内容向服务组织移交，其他诸如卫生清洁、安全值班、设施设备维修养护等服务作业内容，一般都要被委托给后勤服务组织。

理论上，新建项目的接管是在建设单位通过验收的基础上进行的。后勤服务组织要在建设单位验收的基础上实施再验收，再由施工单位直接向托管服务企业进行项目移交，经委托高校确认后即为完成接管。然而，在后勤服务的实际操作中，新建高校后勤服务项目的接管是在高校相关管理部门组织验收后，由高校管理部门向后勤服务组织移交的。因此，接管验收是在高校管理部门和后勤服务组织之间进行的。

新建高校后勤管理服务项目的接管，按照服务组织事先拟定的项目服务方案规定的接管内容操作就可以，相对于原有项目的接管比较容易操作。比较复杂的是原有项目的接管，这也是高校后勤服务项目操作的难点。

原有服务项目接管分为两种情况：第一，原有服务项目由高校改制后的服务组织继续托管。这里不涉及复杂的接管问题，只需要按照现代企业制度理顺企业的管理关系、明晰产权关系、明确委托服务关系，按照后勤服务项目管理要求，建立健全托管服务的接管手续。第二，原有服务项目由高校委托的服务组织向新聘的服务组织移交的接管。这种项目接管由高校管理部门主持撤管的单位向接管单位直接移交，接管单位应当按照下列程序要求进行接管验收：

① 核实服务项目名称、位置、规模、面积等基本情况。

② 清查项目设施设备种类、数量，检查运行状况及维护情况，必要时应当根据设施设备的状况进行相关的鉴定，应报废的设施设备进行报废处理。

③ 清点设备配件和随附工具种类、数量。

④ 核查相关档案资料，尤其是客户档案资料和设施设备图纸、使用保养说明资料等，应当完整地移交接管。

⑤ 托管库存物资清点。

⑥ 托管维修基金、预收物业服务费用等财务清查移交。

⑦ 移交管理用房。

（2）交接双方的责任

高校后勤服务具有一定的特殊性，为了保障高校教学科研活动不受影响，交接双方必须在不间断服务的前提下进行交接。因此，交接前双方应当确定移交的时间、方法和步骤，移交问题的处理等交接方案。明确规定在交接期内移交双方必须履行的协助义务，协助撤管单位和接管单位顺利完成撤管和接管。

双方应当按照项目接管方案进行接管移交。关于房屋及附属设备，应当根据相关政府条款进行交接，关于其他公共设施设备，也应当将其相关资料完整地移交给接管单位。对正在质量保证期内的房屋、设施设备，移交方有义务将完整的质量保证文件资料移交给接管方。对尚未处理的质量问题，应当分清责任后，将相关的鉴定资料移交给接管方；属于不当使用等管理责任的，移交方应当承担继续处理的责任。在交接过程中双方发生争议的，应当报请高校管理部门解决。

2. 项目档案资料建立

接管验收完成后，接管单位应当根据项目托管需要以及项目管理方法，建立并实施科学、完备的档案资料管理。

（三）高校后勤服务项目的日常运作阶段

高校后勤服务项目日常运作阶段的中心内容，就是按照高校后勤服务委托合同的约定全面实施项目托管服务。本阶段主要工作内容可以被划分为日常服务与管理措施的实施、外部服务环境协调、内部系统运作协调三个主要环节。

1. 日常服务与管理措施的实施

日常服务与管理措施的实施，是服务组织根据高校后勤服务委托合同，按照预定的后勤服务方案所进行的日常性工作。在具体的操作中，要按照后勤服务专业化、规范化的要求，对各个服务项目进行管理；要根据服务开展情况适时调整服务方法、丰富服务内容、及时协调和改善服务环境，以利于实现托管服务的预期目标。归纳这一环节的运作规律，应当着重做好以下几方面的工作：① 全面落实项目服务方案。② 实施服务项目管理。③ 加强服务质量的监督检查。④ 定期调查顾客满意度和需求变化。⑤ 定期组织从业人员职业道德和技能培训，保持组织的工作效率。⑥ 进行经常性市场调研，不断扩宽服务项目。

2. 外部环境协调

外部环境协调是后勤服务组织开展服务的重要条件。要实现后勤服务项目规范运作，就必须协调好组织的外部运营环境，创造良好的外部条件。这些外部环境包括高校后勤事务管理部门、财务审计部门、内保部门、学生工作部门、社团组织、生活区物业业主机构等。在服务市场运作中，外部环境还包括一些影响后勤服务运作效果的因素，如当地行政主管部门辖区政府派出机构、相关行业管理组织、社区管理组织及相关专业服务企业。

高校后勤服务涉及的内容很广，涉及的上述单位也很多。服务组织应当主动加强与上述部门、组织和机构的工作联系，主动协调好相互关系，形成互动和谐的服务氛围。这些是实现服务目标的重要保障。

3. 内部运作系统协调

内部运作系统的协调，就是组织内部运行机制方面的协调。托管运作一个新的服务项目，会在原有的内部运行机制上增加很多管理内容。尽管在托管项目实施前有详细的规划和充足的准备，但是在实施托管服务时还会有一个适应的阶段。托管新项目的内部机构设置合理性、管理措施合理性、资源配置合理性、员工心理准备等，都会有一个适应过程。因此，在实施托管初期，要注意并加强组织部门之间的协作配合，加强员工的项目管理培训，有针对性地局部调整托管服务的规章制度，进一步优化资源配置。这些是顺利完成托管服务的重要基础。

（四）高校后勤服务项目的撤管阶段

高校后勤服务项目的撤管是高校后勤服务的最后一个环节。通常认为，托管服务组织的撤管不需作为一个相对独立的环节，而是托管项目善后事务的处理。然而，按照专业化、规范化的项目管理要求，作为合同履行的最后阶段，依然有必要将项目撤管作为一个独立的环节。因为，无论是法律规定应当履行合同义务的要求，还是对委托高校或者接管单位负责的要求，撤管的规范运作无疑是至关重要的。高校后勤服务项目的撤管包含撤管准备、撤管移交两个步骤。

1. 撤管准备

高校后勤服务合同履行期限届满、合同履行中发生法定终止合同的事由，以及当事人双方协议终止合同，都可以导致合同的终止。此时，后勤服务组织应当充分做好撤管的各项准备工作，主要包括以下几点：

（1）成立项目撤管工作组

撤管工作组由服务组织主管领导负责，经营管理部门、财务管理部门、相关职能部门参与。撤管工作组具体负责组织项目撤管及遗留问题处理。

（2）制定项目撤管方案

根据合同终止原因，撤管工作组应当尽快制定详尽的撤管实施方案。撤管实施方案必须对撤管负责人员、撤管时间、撤管程序、撤管遗留问题的处理办法等做出安排。方案应当列出托管具体项目和设施设备清单，以便于撤管交接验收。对于新建设施设备的产权资料及其备案资料应当进行单列，便于双方进行财务结算。对于托管服务期间接管或新建的客户资料、项目相关的行政许可文件等资料，应当制定专门移交办法，全部移交委托单位或其指定的接管单位。撤管实施方案应当送交委托方，在委托方提出修改意见后进行必要的补充。

（3）组织实施撤管方案

经过委托方认可的撤管实施方案，即可由撤管单位会同委托单位或其指定的接管单位实施。

2. 撤管移交

撤管移交是按照制定的撤管方案，经过委托单位同意后，由撤管单位和委托单位或者委托单位指定的接管单位所进行的后勤服务项目交接活动。它是原有托管服务的最后一个步骤，也是新的托管服务活动的开始。撤管移交包括资产清理及设施设备移交、产权资料及档案资料移交两方面内容。

（1）资产清理及设施设备移交

资产清理就是撤管单位依据承接服务项目时的交接清单，对托管期结束时委托单位的资产进行移交清理。这些清理资产包括撤管单位从原托管单位接管的资产、托管服务期间委托单位新增资产、托管单位为完成托管服务投入的资产。按照资产性质，对属于委托单位的资产应当进行审计核查，而后方可移交给委托单位或其指定的新的托管单位；对属于托管单位的资产，应当按照托管单位的财务管理制度收回处理。

资产清理的主要内容是设施设备及其随附器具的清理。撤管单位应当按照托管项目内容的分类，详细列出设施设备及其随附器具的清单，以及设施设备托管期间运行、养护管理的记录，属于协管的项目还应当经过协管单位履行确认手续，而后再按照移交程序进行移交。

（2）产权资料及档案资料移交

产权资料是法律规定的对动产和不动产权利归属的确认。在托管服务期间，凡属于新建（新增）、扩建、改建的房屋设施、公共设施设备都会涉及产权确认。因此，撤管单位移交时，应当将归属于委托单位所有的产权资料全部移交给委托单位，不可将产权资料移交给委托单位指定的新的托管单位。

档案资料移交是将撤管单位接管的档案资料和托管期间新建档案资料进行移交。这里需要注意的：客户档案资料属于委托单位所有，必须全部完整地移交给委托单位。托管单位还要注意做好保密工作，不得将托管期间掌握的客户情况泄漏给第三方。服务期间行政主管部门、行业管理部门具体行政行为资料，涉及高校事务管理的，应当向高校进行移交，撤管单位可以对此类资料进行复制保留。仅属于后勤服务经营管理规范的，可以将文件复制资料移交给委托单位或其指定的接管单位，以便委托单位及接管单位在相关经营服务中进行参考。

第二节　高校后勤管理的原则及运行机制

一、高校后勤管理的基本原则

我国高校后勤管理工作者在长期的实践中，逐步形成了后勤管理工作的基本原则，这些原则正在被更多高校后勤管理工作者所认识和自觉地运用于实践，并将不断地趋于完善。

（一）育人原则

服务育人与管理育人原则是后勤工作目标与过程所规定的指导要求。目标是指后勤服务工作的宗旨与目的，过程是指体现宗旨与目的的组织管理和展开具体服务的活动。服务育人与管理育人就是要求后勤工作者在贯彻服务宗旨、达到服务目的的同时获得育人的结果。在服务活动的决策、设计、实施过程中具有育人意识，落实育人的基本任务，体现育人的实际功效。

服务育人与管理育人原则既是目标与过程的要求，又是指导思想与具体工作的统一，在内涵上分"隐性"和"显性"两个层次。显性层次指的是后勤服务管理部门为了体现服务宗旨与目的的外在服务环境、服务行为、服务过程、服务规范、服务形象，并以此来对服务对象进行教育和约束，使其具有基本的社会公德、文明行为规范以及良好的生活与学习习惯。隐性层次所指的则是后勤工作的一切组织管理活动，要在潜移默化中促进大学生的社会认识、心理健康，引导其树立价值观、人生观、世界观。

（二）政策导向原则

政策导向原则指的是高校后勤服务和管理工作者要有正确、积极的政策观念。政策和策略是实现目标的具体保证，高校后勤一方面要遵循党和国家的教育方针，服从党和国家的各项教育政策法规；另一方面高校后勤长期以来形成了服务行业齐全、服务种类繁多的特点，这些特点决定了高校后勤与社会服务行业和各级政府部门有着极为广泛而密切的联系，因此，高校后勤还必须自觉执行各级政府部门的政策法令，如价格、税收政策和社会服务程序等。

高校在贯彻政策和拟订措施的时候，要使政策措施所产生的效益与希望后勤所起的作用保持一致，创造良好的政策环境，以引导人人关心、参与和支持后勤工作，使学校后勤系统的工作与其他系统的工作同步均衡地得到加强。

政策导向原则并不是简单机械地照搬照抄有关具体规定，而是要根据国家和地区现阶段政治、经济、文化、教育的总方针、总政策，结合高等教育和学校的具体情况，有原则、有分析地加以运用，制定符合实际情况的有利于真正落实总方针、总政策的各项具体措施。在政策滞后的情况下，应当主动地采取相应措施，弥补不足，并积极地向有关制定政策的部门反映情况，提出改进建议，以维护政策的威信，增强政策的正确性和凝聚力，推动高校后勤工作的顺利开展。

（三）协调原则

整体协调的原则主要有两层含义：一是在高校这个整体中，后勤工作作为高校整体工作的一个重要组成部分，它的稳定、发展和建设应与高校教学科研工作的开展相匹配、相协调，高校对后勤服务的软件与硬件投入必须与学校对教学科研的投入相协调、相配套。二是后勤部门作为一个整体，其内部的各个行业部门应协调发展，配套成龙，集约经营，体现整体效益，形成为高校教学科研和师生员工生活提供综合服务的保障体系。对需要与可能、当前与长远、局部与整体、有利因素与不利因素、内部条件与外部环境、先进环节与薄弱环节等进行全面统筹安排，合理、有效地用有限的人、财、物资源，保证高校事业健康发展。

整体协调的根本出路在于根据形势、任务的发展，及时调整高校后勤管理模式，并按归口管理的原则充分发挥职能部门的作用，实现宏观调控和微观搞活相结合，形成良性循环。

（四）效益原则

高校后勤工作的综合效益有三个含义。

第一，育人的效益。高校后勤工作的特征决定在其服务、经营、管理过程与结果中应体现育人的特性，如果忽略了这方面的特性，单纯追求经营服务经济效益，一定会导致工作方向的偏差。这里必须处理好市场与高校需求之间的落差，市场消费水准与党和国家希望培养人才的要求之间的不同差别。高校后勤服务行业的服务保障目的重于其盈利的目的。

第二，社会效益与经济效益相辅相成、互相促进。后勤工作在现阶段既不可能很快割断长期计划经济体制延续下来的福利型供给制的各种因素，同时也受社会主义市场经济机制的影响，所以出现了高校后勤服务工作的商品化与福利性并存的局面。处理这两方面的关系，我们既要把握社会主义高校后勤工作的总方向，全心全意为培养人才服务，使服务项目、内容、场所等安排设计不悖于培养人才，又要讲经济效益，即通过多元化、多层次地为师生员工提供有偿服务和为社会服务，以积累更多的资金，创建更多更好的服务设施，将经济效益转化为社会效益，以满足日益发展的教育科研事业需要和师生员工的生活需要。

第三，人、财、物合理安排，合理利用，有利于学校协调发展的综合效益。后勤服务工作管理的目标是获取最佳的社会效益、经济效益，这两项效益的良好结果会呈现育人效益。要使这些效益显示出来，必须对人、财、物进行合理安排，即协调服务过程中的各个因素和各个环节，使人、财、物的使用方向与使用构成相一致，避免浪费、重复与盲目使用。人、财、物合理利用的另一个重要方面是量力而行，不留缺口，不超资源分配，不超前消费，不瞻前顾后，使当前需要和长远需要相结合，连续性与稳定性相结合，现实需求与潜在需求相结合。

（五）优化原则

后勤管理的专业优化和管理科学化的内在要求，包含以下内容：一是系统管理的科学化、法治化、规范化，在整体上使后勤这一综合性管理部门实行专业优化的归口管理。二是后勤各个分支机构具有很强的专业特征，也面临着队伍、技术手段、管理手段、管理方法的专业优化。

后勤归口管理的专业优化是高校后勤工作经历了数十年的改革后逐渐形成和发展起来的一个新概念。数十年中，"福利型"后勤的传统观念被打破，高校后勤管理部门普遍按"两权分离"的原则，即在学校财产所有权不变的前提下，赋予后勤管理部门以财产的支配与使用的权利，实行经济责任承包制，使后勤工作的系统管理得到第一次"专业优化"，充分调动了管理者与劳动者的创造热情与工作积极性，使自主服务经营权转化为服务质量与服务水平的不断改进、服务项目和服务内容的拓展、服务过程成本消耗的降低。

20 世纪 80 年代后期到 20 世纪 90 年代初，后勤管理工作就已开始第二次系统管理专业优化的进程。即依据社会主义初级阶段的理论与特征，从市场和价值规律，从后勤工作的领导体制、运行机制、法规措施、队伍建设、团体文化系统的建立等全方位地去思考、实践、改革，使之形成一个系统结构优化的，具有社会主义特色的高校后勤工作体系。

随着上述体制与机制上的优化，后勤各个分支部门的专业优化进程也取得了重要进展。根据各分支专业特性形成了一系列优化的、符合现代化生产管理要求的管理机制、管理目标、管理方法、管理队伍、管理手段。例如，饮食、车队、招待所等服务部门的"全员标准化服务"，后勤工业产业部门的"企业化管理"等，都反映了专业优化这一原则在实践中的运用。

（六）民主原则

民主参与的原则是高校后勤管理一个重要的具有中国特色的管理原则。它既符合党的民主集中制原则，又印证了现代管理理论中的决策民主意识和管理过程参与意识，是在管理实践中起重要作用的基本法则。

民主参与原则有两层含义：一是从管理客体上验证，让师生员工民主参与后勤管理、决策，监控、评估整个过程。二是从管理主体上希望、鼓励和强化参与意识——主人翁意识。后勤管理的实践证明，实现有效的目标管理需要充分调动系统内人员的积极性，并取得系统外人员的理解与认同。让师生员工和系统内职工民主参与后勤管理，既沟通内外，让外部人员理解后勤工作的艰辛，又使管理决策与过程监控、目标的完成度充分透明，体现后勤工作人员心中有群众，心中有服务对象，全心全意为人民服务的方向与宗旨。

后勤管理的实践与现代管理理论说明，在管理措施、管理实施、管理评价的过程中，最核心的是"人的因素"，因为实现上述环节的是人而不是其他。民主参与原则的核心就是调动人在管理诸环节中的主观能动性与主体创造性。实践也证明，群众中蕴藏着丰富的智慧、才能与创造力。

我国特殊国情所决定的国有性与社会性，使后勤管理的相当一部分内容或绝大部分内容是作为事业福利内容而展开的。后勤管理决策、实施、目标与评估往往与师生员工的切身利益密切相关，倘若在国家拨款投入不足的情况下，后勤管理活动不呈现其开放性，势必在更大程度上使后勤工作陷入被动局面。

（七）勤俭原则

勤俭办学的原则是我国办教育的一个基本原则，也是后勤管理工作的一个基本原则。后勤系统是一个管人、管钱、管物的部门。努力开源节流，增收降耗，加强计划性，减少盲目性，是后勤管理工作的一项基本任务。

从现代管理理论的角度来思考，从高校后勤管理的实践经验教训来看，勤俭原则不仅是表层的"节约每一个铜板，用在革命事业""少花钱，多办事""把有限的经费尽可能用到刀刃上"，而是要从管理角度上加强对人、财、物的管理、利用、开发。一项好的决策，一个好的安排，一种程序严密的过程控制规范，将成为最好的节约措施。此外，勤俭节约的校风又是一种育人环境，教职工的行为是非常形象的教育，身教重于言教，潜移默化的作用不可低估。从这个意义而言，我们应赋予勤俭办学原则以新的理解和含义，将勤俭办学原则贯穿整个管理过程，高校后勤事业越是发展，就越要坚持这一原则。

二、高校后勤行政与经济管理模式

高校后勤管理组织模式是指高校后勤部门的机构设置以及这些机构之间的各种关系和权限职责的划分。这些关系和权限职责的划分一般是通过各种制度、条例和命令等方式予以明确的。在某些情况下，也有按照传统习惯的方式沿用和确认的。总之，高校后勤管理模式是高校后勤管理系统优质高效地完成"三服务、两育人"任务的组织保证。

一般而言，采用什么样的管理模式，既受制于社会的政治、经济、文化背景，又取决于该系统的目标、人员结构和管理水平。

中华人民共和国成立以后相当长的时期内，我国采用的大体上是集权式模式，即垂直下构型机构设置、中央计划发展的模式和行政型的领导方法，强调统一思想、统一指挥、统一行动、统一步伐。之后，我国进入社会主义建设新时期，从国家到地方实现了以经济建设为中心的战略转移，管理模式发生了以进一步解放生产力为根本宗旨，以实践为检验真理的唯一标准，坚持四项基本原则和改革开放，引入分权式管理模式、市场调节机制和经济型领导方式等一系列变化。高校后勤系统在改革过程中，根据各校的实际条件迈出了探索前进的步伐，出现了许多范围大小各异、程度不尽相同的适应工作需要的新的管理模式。虽然从整体上看，仍有相当一部分高校后勤系统还没有彻底脱离原有的管理模式的基本框架，但是相比于高校管理系统中的其他系统来说，这一系统改革最为活跃，成效也相对显著。

纵观多年来我国高校后勤的管理模式，以其机构、权限和领导方式三个要素为基本标准，大致可分为事业型的行政管理模式、事业型的经济管理模式和企业型的经济管理模式三个较为典型的类型。在每一种类型中，还可以划分出若干亚类。

（一）事业型的行政管理模式

事业型的行政管理模式，指的是由最高领导机构掌握全部权力，并由其按任务将既定的工作计划、方案以及人、财、物等实施条件，通过行政指令的方式下达给各职能部门和实施单位的管理模式。在这一模式中，最高领导机构是全权责任者，并以此为中心构成"宝塔型"工作执行系统。根据高校规模大小，这种管理模式可分为三种：

① 分管后勤的副校（院）长，下设总务处统辖各职能科的三级管理。

② 分管后勤的副校（院）长或校长助理，下设各职能处的三级管理。

③ 分管后勤的副校（院）长、总务长或校长助理，下设各职能处的

四级管理。

如果从学校（院）职能部门和服务部门之间的行政、经济关系上看，上述三种模式实际上是一种模式。

20世纪80年代以前，我国高校后勤管理基本上都实行事业型的行政管理模式，其特点是权力高度集中，指挥有力，整体反应迅速。然而，在这种模式下，各职能部门和实施单位被纳入了一种直线式执行系统的管理体系中，它们缺乏自主权，因而也缺少了相应的主动性和独立应变能力。同时，由于没有发挥"经济杠杆"的作用，高校后勤运作方式只能依赖政治运动、行政权力和精神鼓励。随着高校规模逐渐扩大，后勤任务日益复杂多变，物质利益越发被人们所承认和重视时，这一模式的局限性就越来越明显，在实际操作上也越来越难以调动和激发职工内在的、深层次的主观能动性和积极性。

（二）事业型的经济管理模式

事业型的经济管理模式，即由最高领导机构掌握大部分权力，并由其按任务或工作范围将既定的工作目标、质量要求以及人、财、物等设施条件，通过经济合同、工作协议的方式下达给各实施单位或职能部门的管理模式。在这种模式中，最高领导机构是全权组织者，以此为核心构成"宝塔型"的、各层次都享有 定经济权力和负有相应经济责任的工作执行系统。

在实践中，这种模式也有多种类型。

1.单项任务经济承包责任制

这是后勤管理模式改革的初级形式。后勤管理部门根据一定的工作目标，将某一项或某一组任务与完成任务的相应经费，发包给有一定基础的班组或个人，明确承包方的任务范围、定额、经费和服务质量标准等具体要求，承包方则接受发包方的检查、监督和考核。

在这种模式中，行政管理手段占支配地位，同时在一定的任务范围内辅之以经济权力和责任。

2. 服务部门经济承包责任制

学校在有条件的服务部门中，建立经济承包责任制，实行半企业化的管理。基本做法是：学校负责这些部门的人员工资、公费医疗、大型的房屋维修和设备更新，而将原先直接拨给这些部门的其他费用如行政事业费用转拨给各系、各所和各行政单位，承包部门按学校规定的价格提供有偿服务，在一定程度上实行独立核算，自负盈亏。

在这种模式中，校部管理与职能部门之间仍保持原来的行政和经济关系，而职能部门在具体组织和实施后勤管理中，则与服务部门之间产生与行政关系相对应的经济关系。

3. 职能部门经济承包责任制

这是科或处向学校实行经费全面大承包的管理方式。一般是学校根据后勤历年的情况，规定开支标准以及预估发展数，确定后勤部门完成计划内各项服务任务所需的经费，然后将核定经费总额拨给承包部门，超支不补，节支、创收按规定提留和上缴学校。有的学校在承包经费中把工资总额也一起划拨给后勤部门承包。

在这种模式中，学校后勤管理领导与后勤职能部门之间已不再是单纯的行政关系，虽然后勤管理仍在上下级之间保持着事业型的管理模式，但经济关系的不断扩展和深化，推动了后勤改革的力度和速度。

改革开放以来，我国绝大多数高校后勤部门已实行了上述事业型的经济管理模式，其重要标志是在事业单位的基本格局中建立了经济关系。这种事业型的经济管理模式的明显特点是：第一，打破了传统的单一的行政管理模式，实行经济和行政管理相结合的综合管理方法；第二，承包部门具有较强的经济自主性，加强了经济核算观念，有利于增收节支；第三，初步克服了分配上的平均主义，对后勤管理中存在的"大锅饭"现象有一定的冲击作用；第四，逐步建立了以岗位责任制为中心的各种经济管理制度；第五，承包部门提高了工作效率和经济效益，扩大了后勤服务项目，方便了教学、科研和师生员工的生活。但这种模式在深化改革的形势下也有其不足，一方面是承包单位与学校并没有在经济上真正实行独立核算，不同程度地存在由学校"兜底"的情况，如人员工资、公费医疗、大型房屋和设备的维修更新等，这使承包单位还不能真正在竞争中形成风险意识，不能在内部产生能够与社会第三产业竞争的内驱力，也就不能为学校创造更多的收入；另一方面，从管理模式上看，也给各种短期行为留下了可乘之机，难以保证后勤事业持续、稳定、健康发展。

（三）企业型的经济管理模式

企业型的经济管理模式，指的是以"小机关、多实体、大服务"为特征的企业化的管理模式。在这一模式下，原本的后勤管理系统分化为两大部分：行政职能机构和经营服务实体，前者作为校方代表为后者优先提供校内市场，转让科技成果，实行宏观指导和监督；后者把"三服务、两育人"作为首要任务，立足于校内市场，面向社会大市场，根据价值规律和商品交换的原则，实行独立白主的企业化经营，并用其经营成果来为学校的建设发展提供后勤保障。

在该模式中，学校后勤各层次各部门按性质和专业分工合作，既有共同的目标，又有独立的自主权，各司其职，各负其责。这是今后创建适应现代企业制度的后勤管理模式的主要方向，其发展趋势有两种类型。

1.服务与经营结合型

学校在加强管理的同时，把监督权下放到后勤管理职能部门，由职能部门再根据内外部条件确定经营实体与服务部门的职责划分。

2. 经营实体型

这种类型是指社会条件完全成熟，高校后勤的服务项目都通过经济实体的经营服务来承担。从管理角度说，这种类型还可分为垂直型和并列型两种。

（1）垂直型

在学校的指导和监督下，职能部门代表学校管理后勤经营实体。

（2）并列型

在学校的指导和监督下，职能部门与经营实体在同一层面上相互协调。

高校后勤管理实行企业型的经济管理模式，是国家经济和社会发展的必然趋势，是社会主义市场经济和社会第三产业充分发展的必然产物，这不仅对后勤管理深化改革具有积极意义，而且直接促进了高校其他事业的发展。其特点在于：第一，学校领导可以将主要精力集中在教学和科研工作上；第二，国家对学校的教育经费支持可以更多地用于教学和科研工作；第三，通过经营服务可以获得一定的合法利润；第四，以外养内，用获取的一部分利润补贴校内服务，使教职工、学生均能从中受益；第五，在参与社会服务的竞争中，能够不断提升后勤经营管理能力和技术水平，提高学校内部管理水平，增强内部的竞争力。

任何模式的优劣都是相对的、有条件的，根据现代管理的权变原则，只有以"三服务、两育人"为根本宗旨，只有最适于国情、校情，具有最大的调动后勤干部职工内在积极性的潜力和现实性的后勤管理模式，才是实践中最有活力和最有效的后勤管理模式，落后或超前都可能导致失败。总结我国高校后勤管理模式的演变趋势，我们可以看出其具有如下基本特点：第一，逐步在理论上认识到并承认部门、团体、个人的物质利益和经济杠杆作用，为建立新的经济运行机制敞开通道。第二，逐步将行政权和经济权、所有权和经营权分开，对行政管理机构的权限进行精简和优化，下放经营服务自主权，为充分发挥管理系统中各层次、部门、团体的主动性和积极性提供保障。第三，从"一刀切"的事业型行政管理模式发展到以企业型的经济管理模式为特征的适应不同情况和条件的多种模式，逐步向社会化迈进。

三、高校后勤管理的运行机制

高校后勤管理运行机制由一些相互关联的分支运行机制组成，是指高校后勤管理内部的运行机制、要素构成以及它们之间的配置关系，主要内容包括动力机制、决策机制、调节机制和监控机制。

其中，动力机制是决定和提高管理效率，强化系统活力的基本因素。作为管理主体运转的驱动因素，动力机制的内部结构——即经济效益与社会效益之间的关系，对主体运作的性质有决定性作用。受动力机制所制约的决策机制是管理主体运行机制的中枢，决定着管理组织的各项经营服务活动，是由社会主义高校后勤管理自身的运行规律所决定的。决策机制具有三个特征，一是时限性强，二是综合性强，三是服务对象的反馈快。调节机制的主要功能在于，通过调整和协调的手段，促使后勤管理内部与外部、经营与服务等多边活动的目标趋向一致。监控机制则要保证管理决策及其实施过程的质量、周期、目标处于正常状态。在这四种机制中：动力机制决定后勤管理和服务质量；决策机制保证管理决策过程的科学化、民主化；调节机制调整后勤管理服务与经营活动的后勤系统内外部的利益关系；监控机制是保证运行正常、优化的反馈系统。各种机制在实际运行中是相互作用、相互配合、形成合力的，有时也会因为客观条件和环境的变化而出现某一种机制起主导作用的现象。

（一）高校后勤管理的运行环境

高校后勤管理是在高校这一特定背景下运行的，受各种环境因素的制约和影响。在后勤管理模式进行改革的过程中，曾出现过许多从理论上看来较为有效的措施和方案，然而在实施过程中却发生了变形和扭曲，以致最终达不到预期效果，其中一个重要的原因就是忽视了对高校这一特定环境问题的研究。

高校后勤管理运行的环境大致可分为经济环境、舆论环境、文化环境、地域环境四个方面。经济环境主要包括所在学校消费习惯、消费水准，以及学校的经济运行秩序和经济自给能力等内容，其对后勤管理服务经营的影响与制约是极其明显的。舆论环境主要指的是学校各级组织对后勤管理服务的理解和关心程度，以及学校对教职工和学生的宣传舆论导向为后勤管理服务经济活动所创造的环境氛围。文化环境决定了服务对象群体水平和对后勤管理工作的价值认同。在知识分子密集的高校，对后勤工作的价值认同有助于后勤工作者地位的提高，从而促进服务部门与服务对象之间关系的良性循环。地域环境是指各学校在本省市处于不同的地域环境条件，其会对后勤管理服务经营活动产生的重要影响。

后勤管理的正常运行需要有良好的外部环境。良好的外部环境不仅需要学校党政领导在宏观上对其做出整体性的决策和支持，事实上，后勤管理主体在其自身的运行过程中也能够对改善环境起到积极作用。如在可能的条件和范围内提高服务质量，扩大服务项目，调节供需关系，缓和供需矛盾，解除教学科研和师生生活的后顾之忧，并以多方面的宣传、沟通来营造服务管理经营部门与服务对象的良好关系。

（二）高校后勤管理的运行动力

高校后勤管理的运行动力从根本上说是以经济为基础的，无论是维持正常工作的运行还是争取事业迅速发展，都离不开必需的经费，但就其驱动方式来看，还存在一些差别，一般可分为三种：一是行政型。这种方式主要靠学校拨给教育行政事业费来驱动运转，这种方式在运转过程中，较少地根据经济规律与价值规律及市场需求来进行。干部职工层层接受行政指令性计划安排，缺乏主动性和应变性。由于整个高校教育行政事业费要统筹安排，优先拨给教学科研第一线，后勤工作的特殊性较少得到重视，后勤干部职工的积极性不易得到发挥与提高。二是准经济型。这种方式是以学校拨给教育行政事业费为主，但允许后勤以学校供给的设备条件自筹经费为补充。这种准经济驱动方式较之单纯行政驱动方式来说，后勤系统有了一定经济分配上的自主权。准经济驱动方式的实施为一些高校在后勤经济运行机制中注入了经营与服务管理上的活力，可以使管理职能部门更好地用各种激励形式来调动广大后勤职工的劳动积极性，也使后勤部门在经济利益分配上具有一定的自主权。三是经济型。即以后勤管理企业化、开展有偿服务为主，学校将拨给后勤的教育行政事业经费转拨给各系各单位或服务对象个人，后勤部门则加强经济核算，扩大有偿服务和向市场发展，通过商品化服务的形式获取后勤运转所需的经费。

目前我国高校后勤管理改革正在逐步深化细化，按社会主义市场经济的指导思想来调整与改革其管理模式中的经济驱动方式，使其经济运行轴心按科学管理规律和经济规律来引导服务与管理工作。从20世纪80年代高校后勤系统逐步推行"经济承包责任制"到后勤整个系统实行"大承包"，直至"一体两制""小机关、多实体、大服务"等管理方式的出现，昭示着其经济运行的驱动方式已从准经济型向经济型转变。

（三）高校后勤管理运行的宏观调控

高校后勤管理运行过程是由一系列动力机制、调节机制、控制机制所推进的。在深化后勤管理体制改革的过程中，随着后勤承包责任制的进一步完善与法治化，所有权与经营权分离的进程也将加快。因此，后勤管理组织代表学校的职能部门实行对后勤各基层部门的调控，将减少行政指令性的命令或计划任务，而主要依靠政策导向、舆论环境、民主监督、干部调配、考核评估以及精神文明系统建设等进行。因此，在优化高校后勤管理运行机制的过程中，逐步确定适应变化发展中的后勤管理体制与运行机制的宏观调控体系显得十分重要。

高校后勤管理的宏观调控体系主要由宏观调控体制、宏观调控组织和宏观调控方法三方面组成。

1. 宏观调控体制

这是后勤决策层实施宏观管理的方式及所制定的管理制度。决策领导人根据民主集中的原则和科学决策的程序，制定行政管理、经济核算、服务操作、利益奖惩等一系列章程、规则、公约等工作制度，建立严格的秩序和纪律，以提高后勤管理的效率。宏观调控体制在管理运行活动中发挥启动、推进、引导和控制作用。

2. 宏观调控组织

这是后勤管理体系内部和外部的监督、审计等职能机构和由管理、服务对象组成的团体，以及所开展的一系列调控活动。后勤管理体系内部的监督主要有对所有经济活动的审计监督，对各级人员实际的考核评估，对各岗位管理与服务规范化、程序化、标准化的检测等；后勤管理体系外部的监督则主要有舆论导向、民主参与、公关协调等。宏观调控组织在管理运行活动中发挥监控、调整、指导的作用。

3. 宏观调控方法

这是实现有效调控的具体手段和技术。调控方法可分为软性的和硬性的两大类。软性的调控方法包括对后勤管理人员心理、行为的调控，对管理过程的调控，对管理环境的调控，对管理观念的调控等；硬性的调控方法包括管理的决策方法、经济测算、技术开发、现代设备的运用等。宏观调控方法使管理活动变得信息化、程序化、精确化、高效化。

四、高校后勤管理的运行模式

高校后勤是保证高校工作顺利开展、保障学校师生及员工的生活健康有序、维持自身生存发展的后勤，具有维持高校稳定的政治特点和服务育人的教育功能。高校后勤文化是在长期服务、经营、管理的过程中形成的思想理念、价值标准、行为规范以及与之相关的各种制度的总和，它是高校后勤事业发展的灵魂和动力，也是高校校园文化的一个重要组成部分。高校后勤文化提倡服务，以消费者为重；弘扬奉献，突出公益性；注重质量，具有先进性。加强高校后勤文化建设，既是开展校园文化建设、营造良好育人环境的现实需要，也是高校后勤进行自身建设、实现可持续发展的必然要求。

目前，我国高校后勤管理主要有两种基本模式：刚性管理和柔性管理。这两种后勤管理模式各有优势。伴随着社会的发展进步以及人们在物质和精神方面的需求不断增长，高校师生员工对后勤服务也提出了更高的要求，无论是单一的刚性管理或是单一的柔性管理都难以实现理想的后勤优质服务。因此，在高校后勤管理工作中，必须将刚性管理和柔性管理结合起来，各取所长，相互补充，做到刚柔相济，以达到管理效果的最大化。

（一）刚性管理模式

刚性管理强调以工作为中心，以制度约束来奖优惩劣，突出组织权威和专业分工，具有多维度、多层次的特点。高校后勤的刚性管理，就是要制定、完善和健全各项规章制度和体系，使其具有权威性和约束力，并使各级管理人员按章办事，通过强有力的执行力将规章制度贯彻落实下去，以此来规范后勤秩序，为学校师生提供学习、工作和生活的条件保障。

1. 刚性管理的基本特点

（1）制度规范

在刚性管理中，管理者实行科学化管理，通常会制定一套规范、标准的管理制度和操作规程，组织成员必须遵守既定制度，不得自行其是；严格按照操作规程作业，不得随心所欲。管理者往往还会根据规章制度和操作规程对员工进行绩效评价，以此激励员工积极主动地完成组织的目标。

（2）组织严谨

在刚性管理中，会自上而下形成一个严密的组织结构，从领导到员工，每个人都有明确的岗位分工和工作职责，各司其职，各尽其能，相互配合，齐心协力，共同实现组织总目标。

（3）高度集权

在刚性管理中，通常实行纵向管理与集权管理的模式。纵向管理，即按等级制度划分职务、职位，每一级别的工作人员均要接受其上级的领导与指挥，这就构成了一条直线式指挥链。集权管理，顾名思义，即决策权和管理权集中在较高的层次，是一种权力高度集中的管理方式。

2. 刚性管理的主要作用

（1）基础和保障作用

刚性管理是组织生存发展的基础保障，它以制度为核心。在一个组织中，若要使组织成员能够步调一致地朝着组织目标奋进，必须有一套规范的管理程序。因此，后勤想要完成各项工作和任务，让高校师生及员工满意，就需要有一套行之有效的工作标准，才能保证服务质量。同时，后勤工作中也会出现各种各样的矛盾和冲突，需要通过制度进行刚性约束，否则管理就无法发挥其应有的作用，难以达到预期效果。

（2）公正和公平作用

高校后勤实施刚性管理时，以规章制度为依据，对组织成员进行评价。制定统一的衡量尺度、考核标准和评价体系，消除感情因素带来的影响，体现后勤管理的公正性和公平性，从而调动组织成员的积极性和主观能动性。

（3）高速和高效作用

在刚性管理中，组织的指挥协调等管理活动是通过法规政策、规章制度等方式实现的，是强制性的，因此具有高速和高效的特征。自高校后勤社会化改革以来，各高校根据市场经济规律，制定了一套同时为校内师生和校外市场服务的发展方针和规章制度，这有效地促进了高校后勤工作的发展。

3.高校后勤的刚性管理

高校后勤是保证高校正常运转的基石，是建设和谐校园的重要元素，需要规范有序的刚性管理。

（1）发挥高校后勤刚性管理的基础和保障作用

高校和社会密不可分，当人们的道德水平仍需要外部约束时，后勤管理的刚性管理就要充分发挥其基础性、保障性作用。通过刚性管理，落实后勤的各项规章制度和工作规范，保证后勤正常的运转秩序，为全校师生员工提供有力的后勤保障；同时，为师生提供安全感和依托感，使他们能够更加安心地集中精力于学习和工作上。

（2）依靠刚性管理对高校后勤工作实施监督和控制

高校后勤工作涉及高校的方方面面，也面对各种利益、冲突和矛盾，这就要求对其实行有效的监督和控制。采用刚性管理，可以做到在规章制度、政策法令面前人人平等，对于同样性质、同样情节的问题进行同样的处理，充分体现出刚性管理的公正公平。

（3）实施高校后勤的刚性管理延伸效率管理

高校后勤的刚性管理强调要按照一定的方式、规定和标准去做好后勤工作，注重整个后勤管理体系的科学架构与合理运作，从而更好地为师生提供优质的后勤服务。

（二）柔性管理模式

柔性管理是高校后勤的另一种基本管理模式。它是根据人的心理规律和行为规律所提出的，体现了"以人为本"的思想理念和"人性化管理"的基本要求。与刚性管理不同的是，柔性管理采用非强制性方式，主要通过管理把组织意志转化为员工的自觉行动。

1.柔性管理的基本特点

（1）驱动的自觉性

柔性管理指的是通过诱导和启发，帮助员工树立正确的价值观，逐渐形成自我教育、自我提高、自我约束、自我实现的管理机制，将组织目标和管理者的意志转变为员工的自觉行动，持续激励和释放出员工的积极性和创造力。因此，柔性管理对员工的驱动不仅在于制度，更在于员工的自觉性。

（2）影响的持续性

柔性管理注重内在影响，通过心理提升来潜移默化地规范员工行为，以此产生激励作用。将柔性管理运用到高校后勤文化层面，有利于形成整体的、持久的激励力量，从而让组织成员受到这一文化氛围的熏陶，主动地按照组织文化的要求来行动。

（3）激励的有效性

随着社会物质生活的不断丰富，组织成员的综合素质也大大提高。

人们工作不仅仅是为了谋生，更是为了实现自我价值，得到自我满足，员工的主体意识、价值观、情感意志等柔性因素逐渐成为调动他们积极性的重要因素。而柔性管理正是以"个性化"为标志，强调思维的跳跃性、反应的敏捷性以及创造的多维性，进而实现激励的有效性。

2. 柔性管理的作用

（1）激发组织成员的自觉性

柔性管理所展现的价值观、风格、精神等是得到全体组织成员一致认同并共同遵循的一种内在心理。它可以通过意识观念的渗透和同化来对组织成员的行为方式进行影响，让组织对成员产生一种无形的吸引力，激发组织成员自觉主动地遵守组织规范。

（2）激发组织成员的主动性

柔性管理以人为中心，强调人性化管理，在组织与组织成员之间建立起良好的情感联系，使组织成员产生一种休戚与共的集体意识，形成强大的向心力和凝聚力，进而从深层次端正组织成员的行为方式，让组织成员的主观能动性得到充分发挥。

（3）激发组织成员的创造性

组织成员的创造性主要包括创造性意识、创造性思维和创造性活动。其中，创造性思维是核心。而发散思维正是创造性思维的一种表现，它与创造性思维关系最为密切。发散性思维表现在组织成员的行为上，主要是个人的创造性。

3. 高校后勤的柔性管理

在高校后勤实施柔性管理，有三个方面：对组织来讲，强调以感情留人、事业留人、待遇留人；对组织成员来讲，强调以人为本，遵纪守法，服务育人；对师生来讲，强调诱导、启发、正面教育，激发广大师生遵守规章制度、提高自我管理的自觉性。三者相辅相成。

（1）规章制度要取得师生的理解和支持

在制定高校后勤管理的制度时，要充分听取广大师生的意见，使其在符合高校实际情况及后勤发展现状的同时符合大多数人的心理特征，从而得到师生的理解与支持，把高校后勤的目标和管理者的意志变为广大师生的自觉行动，充分发挥柔性管理的驱动力。

（2）注重对师生的情感投入

后勤管理部门要经常深入一线，倾听师生的心声和想法，根据师生的合理要求，有针对性地增强服务意识，注重提高服务质量，解决师生生活、学习、工作上的困难，提升师生的满意度和幸福感，从而使他们对学校产生强烈的归属感，树立主人翁精神。

（3）理解、尊重师生的基本需求

师生是高校的主体，为其服务是高校后勤的基本职责。要理解、尊重并且尽可能地满足师生的基本需求，使他们对学校发展和管理目标享有"选择权"与"参与权"，在一定程度上增加自由度，拓展个性发展空间，在目标实现的过程中逐步形成发展自我、展示自我、管理自我的有效机制。

（4）遵守服务承诺

高校后勤要用柔性管理来调动、激发组织成员的积极性，让他们能够全心全意地为师生服务，实现他们的服务承诺，为师生员工提供良好的教学、科研、学习、生活环境。要努力拓展服务项目，完善服务职能，提升服务水平，多为师生办实事、办好事。例如，完善后勤服务监督制度和监控体系，不断健全依托通信网络发展的快速咨询、投诉反映与处理机制，建立投诉处理和工作满意度调查统计台账；持续开展后勤服务标准化规范化建设，启动质量管理体系的认证工作，逐步建立运行有效的质量监管体系，进一步推进后勤管理的系统化和科学化，提升后勤管理的整体水平；为师生提供水电费充值服务、公寓物业服务、通信服务等，让师生享受"一站式"后勤服务；要严格执行食品卫生安全制度，开设特色餐厅，改变食堂经营模式，为学校各个部门的建设和发展给予重点支持和保障。

（三）融合管理模式

融合管理模式是刚柔相济融合的后勤管理的新模式，即在管理中，以刚性管理为基础，以柔性管理为补充，是一种具有综合性、兼容性和互补性的新型管理模式。在高校后勤管理工作中，必须有规章制度的刚性制约，也要有以人为本的柔性管理，二者相辅相成，互为补充。

1.各取所长，互为补充

作为高校后勤管理的基本模式，刚性管理和柔性管理都是人们在长期的管理实践中归纳总结提炼出来的，各有其自身的优势和特点。

刚性管理通过制定、完善后勤管理的各项制度，以强有力的执行力来对后勤秩序进行规范；同时能做到有章可循，公平、公正地对组织成员绩效进行考核评价，使后勤工作及时、高效地为师生提供服务，对后勤工作具有基础保障作用。当然，该模式也有一些明显的缺点：刚性管理把员工视为接受监督的对象，使他们处于消极、被动的被管理状态，不能充分调动和发挥员工的积极性和主观能动性；而条条框框的规章制度也不利于对不断变化的组织内部与外部环境的关系进行灵活的协调调整，使组织缺乏审时度势的应变能力；此外，制度和条款并不能涵盖所有部门和职工的任务分工和职责权利，而且有些工作无法单纯地用制度来管理，即使员工完全遵守组织规章制度和上级安排，他们也无法较好地发挥自身的潜能。

柔性管理则秉持"以人为本"的理念，通过人性化管理，将组织的意识转化为员工的自觉行动。它在调动员工的主动性和创造性方面有着独特的优势，在一定程度上弥补了刚性管理的不足。但是，柔性管理也是存在弊端的：因其不注重统一的制度化管理，容易导致管理柔弱无力、效率低下；因其强调个性化和差异性，容易在管理中造成公平缺失；因其具有权利模糊性、量的非线性等特点，会出现权利影响时效性以及效果的滞后性。而这些弊端与不足，恰恰正是刚性管理的优势。

2. 刚柔相济，和谐统一

在高校后勤管理中把刚性管理和柔性管理模式有机融合，构成了刚柔相济的新模式。这一模式优势互补、和谐统一，实现了依法管理和以德管理相统一，组织管理和自我管理相统一，后勤管理和后勤服务相统一，制度管理和思想教育相统一。

（1）依法管理和以德管理的和谐统一

"依法管理"是指通过规章制度进行管理，是刚性的、强制性的；"以德管理"则是以道德规范来约束，是柔性的、非强制性的。规范、维护校园生活秩序的方式多种多样，其中，法律和道德是最基本的手段。师生社会公德的确立与遵守，必须有法律条文和规章制度的制定和执行来保障；对于破坏公共秩序甚至是扰乱治安的行为，除了进行道德谴责外，还应以法律和校规校纪来制约。在高校的校园公共生活中，道德能够用来规范、调节人们的行为，在一定程度上预防违法犯罪行为的产生，是对法律的最好补充，能解决很多法律无法解决的问题。因此，高校后勤管理应把法律制度建设和道德规范建设紧密结合起来，形成一个有机的整体，使之达到高度的和谐统一。

（2）组织管理和自我管理的和谐统一

组织管理，即他律，包括政策、法规、纪律、制度等对行为主体的约束；自我管理，即自律，指的是行为主体对自我的约束。高校后勤管理工作中既需要有组织的约束力，坚持有章可循、有法可依、坚持原则、敢抓敢管，又要求师生对各种规章制度有自觉认知，通过自我认识和自我约束，把制度要求内化成自身基本素质和自觉行动，去实现组织目标。

（3）后勤管理和后勤服务的和谐统一

高校后勤具有管理和服务两种职能，既要以严格管理来维护正常的校园秩序和良好的校园环境，又要用优质服务去满足师生教学、科研和生活的基本需要。服务与管理都是后勤工作的手段和途径，管理涵盖着服务，而服务是管理实施过程的具体化。后勤管理要把服务与管理两者相结合，实现后勤管理和后勤服务的和谐统一，全面提升管理服务的能力和水平。

（4）制度管理和思想教育的和谐统一

制度管理通过制度来规范组织成员的行为，强制性地进行约束和规范，使得被管理者从最初的不习惯到慢慢习惯，逐步养成自觉性；而思想教育则主要靠启发自觉，注重疏导，强调提高觉悟。教育是管理的重要基础，管理又是教育的重要内容，两者的统一有助于营造和谐的生活、学习、工作环境，以实现后勤管理的总体目标。

第三节　高校后勤工作的内容、地位及作用

随着高等教育事业的发展，高校后勤管理逐步形成了一套相对完善的制度体系。从目前高校后勤工作的管理内容和基本格局来看，后勤部门主管着学校绝大部分资产，担负着学校财务管理、基本建设、物资设备供应和生活服务等重要工作。后勤管理的作用发挥得如何，对高校具有非常重要的影响。与此同时，师生在校期间，大多数时间都在后勤部门管辖的领域内活动，后勤人员长期和师生相处，会影响师生的思想品德。因此，后勤工作在高校中处于为其他工作奠定基础、提供保障、壮大实力、创造环境的重要地位，发挥着多方面的作用。

一、后勤工作的主要内容和管理组织体系

（一）后勤工作的主要内容

高校后勤工作包括总务后勤管理、财务管理、基本建设管理和物资管理四个方面的内容。

1. 总务后勤管理

总务后勤管理也称生活后勤管理，是教职工、学生在校生活的保障工作，主要内容包括：师生吃、住、行方面的生活服务和科学管理；水、电、暖气的正常供应；校园卫生环境和食品安全；通信设施、医疗保健工作；浴室、商店、理发室、书店等商业性服务等。

2. 财务管理

高校财务管理的经费主要分为两大类：一类是预算内资金，又称教育事业费，是国家财政预算中拨给高校的办学资金。另一类是预算外资

金，是指在国家财政预算之外，学校根据国家财政制度和财务规定，自收自支、单独管理的资金。财务管理的主要任务就是根据有关法规和"包干使用，超支不补，结余留用，自求平衡"的原则自主统筹安排这两种经费，编制综合预算，合理分配使用，提高投资效益，实施严格监督。

3. 基本建设管理

基本建设管理的主要任务是为高校的发展提供与之相适应的校园规模和建筑物，管理内容主要有：土地征用和总体规划、单项工程设计、施工进度和质量控制、大型的房屋维修和改建等。

4. 物资管理

高校物资管理是根据学校的发展规模以及实验室的建设规划，为保证教学科研和行政事务工作的正常进行，及时、齐备、适量、优质、优价地供应所需物资，管理环节主要是管理物资的计划、采购、储运、分配和使用。

（二）后勤管理的组织体系

根据学校的规模大小，后勤管理组织体系分为三类。

学生在一万名左右的高校，一般由一名副校长分管后勤工作，设总务长或校长助理协助工作，下设：

① 总务处，辖行政科、卫生科、接待科、运输科、绿化科、学生宿舍管理科等。

② 基建处，辖技术科、施工科、材料科等。

③ 房地产管理处，辖校园科、动力科、房产科、维修科等。

④ 财务处，辖计划科、基金科、会计科、出纳科等。

⑤ 膳食处，辖食堂管理科、供应科、行政科等。

⑥ 劳动服务公司等，辖综合服务科、劳务管理科、技术培训科等。

还有的学校由一名副校长分管后勤工作，设总务长或校长助理协助工作，下设总务处、财务处、基建处、劳动服务公司等。

学生在五千名左右的高校，一般由一名副校长主管后勤工作，直接领导各职能处，机构设置一般为总务处、基建处、财务处、劳动服务公司等，所辖科级单位也进行相应的集中和精简。

学生在一千名左右的高校，一般由一名副校长分管后勤工作，后勤管理工作集中设总务处，下分行政科、基建科、财务科、膳食科、劳动服务公司等。

在高校深化改革的过程中，不少学校的后勤管理组织体系已经或正在向小机关—多实体—大服务的管理体制转变，即由一名副校长分管，设总务长或校长助理协助工作，下设后勤服务总公司（或后勤服务中心）对运输、膳食、学生宿舍维修、医疗等服务中心进行具体管理。这些中心具有管理服务和经营等功能。这是高校后勤服务走向社会化的重要尝试。

二、后勤工作的基础地位

我国高校的根本任务是培育建设社会主义事业的合格人才，在高校管理系统中，后勤管理服务工作与思想政治工作以及教学科研工作相辅相成，缺一不可。通过思想政治工作，把社会主义办学方向贯彻到学校育人的每一个环节；通过教学科研工作，不断提高办学水平；通过后勤服务工作，为办学过程中所需的物质条件提供切实保障。显然，后勤管理服务工作是其他一切工作的物质基础。后勤工作的这一重要地位，通过后勤管理的先行工作、保障工作和配套工作而得以充分体现。

（一）先行工作

任何一所高校从创办到招生，都要从选择校址、建立校舍开始，这需要后勤部门负责提供最基本的物资、设施并组织施工等工作；学校开展各项工作，也需要后勤部门提前检查落实好房屋、水电交通等基础条件；学校要正常进行教学科研活动，也必须靠后勤部门首先解决师生的医、食、住、行等生活问题。可见，高校的创建和工作的起步，应后勤先行。

（二）保障工作

高校的中心工作为教学、科研，需要一支思想素质好、业务水平高的师资队伍。但"巧妇难为无米之炊"，即使有再好的师资队伍，如果缺少必要的教学和科研条件，不能保证技术设备和物资的供应，缺乏后勤部门的服务，也无法发挥其应有的作用，更不要说圆满地完成教学科研任务了。因此，高校工作的正常运行和教学科研成果的发展，需要后勤工作予以保障。

（三）配套工作

任何一所高水平的学校，都会有高水平的后勤工作与之配套，这体现在：学校的管理水平和校风建设，需要通过后勤管理服务的工作效率、工作效益以及校园环境的建设来加以配套和体现；教学科研水平的提高和高、精、尖攻关任务的完成，都离不开后勤保障，需要后勤部门提供先进的教学实验装备和良好的工作条件和环境；学校的育人工作系统也需要后勤部门通过严格管理和优质服务进行配合。

三、后勤工作的重要作用

后勤工作覆盖了高校工作的方方面面，具有多方位、多层次的作用，主要可以分为服务作用、管理作用和经营作用。

（一）服务作用

服务是后勤工作的主要任务和作用，也是检查后勤工作质量的标准。后勤工作的服务对象既包括学校的教学、科研工作，又包括从事这些活动的人。其服务作用主要体现在两方面：一方面，高校的教学科研工作具有较强的规律性，后勤部门能否掌握并遵循这些规律，有效保障教学科研工作的物质需要，是后勤的服务作用能否充分发挥和影响力大小的关键所在。因此，后勤工作首先要考虑是否有利于开展教学科研工作，要真正以教学和科研为中心来组织安排后勤工作。另一方面，高校的师生大多数居住在校园里，后勤部门能否保障并改善他们必需的生活条件，解决他们的后顾之忧，将直接影响到高校各项工作的正常开展。这就要求后勤人员从师生利益出发，增加服务内容，扩大服务范围，提高服务质量，牢固树立全心全意为师生服务的思想理念。

（二）管理作用

与学校教学、科研部门相同的是，后勤部门也具有管理的基本职能。其管理作用主要表现在：将后勤部门掌管的学校的仪器、设备、校舍和经费等学习财产物资保持完好的状态，及时维修以保证设施正常运转并提高使用效益，创建美丽整洁的校园生活环境，维持正常的校园秩序，营造健康的校园文化氛围，引导学生养成并保持良好的生活学习习惯，以更好地实现学校培养人才的目标。从后勤内部角度来看，管理作用是通过建立和完善各种形式的岗位责任制或经济承包责任制，提高工作效率，实施考核奖惩，将利益分配与工作实绩挂钩，客观反映个人或单位之间的工作差别，使多劳多得、奖勤罚懒的原则得以体现。

（三）经营作用

许多高校后勤部门具有第三产业的经济属性，可以算作一种产业，有条件根据社会主义市场经济特征和内在机制，科学运用价值规律，为师生提供经营性的服务。自经济承包责任制出现以来，高校后勤部门以承包经营项目、股份集资、财产租赁等形式，开展了部分独立核算、有偿服务、自负盈亏、合法经营的活动。这些经营服务项目具有形式多样、校内外双向服务的特点，在提高经济效益、节省学校行政经费、促进经营部门注重社会效益等方面都发挥了积极作用。高校后勤开展经营服务的一个更为明显的作用是，在为学校提供服务的基础上，充分利用后勤的设备条件和技术能力对社会开展有偿服务，从而获取合法的经营利润，再利用经营利润增加校内服务项目，降低内部服务成本，惠及学校师生。同时，通过社会竞争，能使后勤人员的服务技术和经营能力得到锻炼，从而有效增强内部的竞争力，促进学校内部管理水平的提高。

第二章　高校后勤人力资源建设

第一节　高校后勤员工招聘与解聘

一、规范高校后勤员工招聘与解聘的意义

规范员工招聘和解聘工作程序是保证高校后勤工作质量的要求。员工的素质决定高校后勤的工作质量，选择符合岗位要求的员工，淘汰不能满足岗位要求的员工，建立合理的员工流动机制，才能保证高校后勤工作的质量，因此必须规范员工招聘和解聘工作程序。

规范员工招聘和解聘工作程序是稳定高校后勤员工队伍的重要途径，是建设"和谐校园""和谐后勤"的必然要求。目前部分高校后勤与外聘人员之间存在一些劳动纠纷，这必然不利于稳定高校后勤队伍，会影响后勤工作质量。根据对劳动纠纷产生的原因的分析，除一些历史遗留问题外，很大程度上是由于在员工招聘、用工过程和解聘工作环节中的不规范造成的。实际上，往往正是由于以上 3 个工作环节（尤其是解聘环节）未按相关规定开展，而造成后勤人力资源管理工作上的被动局面。因此，规范高校后勤的招聘和解聘工作程序是必需的。

二、员工招聘与解聘的关键环节

做好高校后勤员工的招聘与解聘工作，应该制定专门的制度。招聘制度主要应包括招聘的组织、招聘的形式、体检与录用、试用期考核等内容；解聘制度应包括解聘的工作组织、解聘的条件、解聘的程序等内容。本节重点针对招聘与解聘过程中的一些关键环节进行讨论。

（一）招聘工作中需要注意的环节

1. 招聘人员必须注意面试及甄选环节

现代人力资源管理理论及实践，对于员工面试及甄选已经有了非常成熟的管理理论及实际操作工作流程，这样的工作程序对于高校后勤进行员工招聘工作具有重要的借鉴与指导意义。工作实践证明，这些方法对于招聘员工是非常有效的。反过来，工作实践也证明，由熟人、朋友等介绍而来的务工人员，未进行任何招聘工作程序就直接上岗使用的情况，"后患"颇多。一方面，由于没有把好"入口"，很难掌握员工的基本素质和技能情况，其中肯定会有一部分是不符合岗位工作要求的，这样必然导致工作质量的下降；另一方面，这些人员因不符合岗位要求而被解聘时，若干问题（比如人情的问题、招聘程序不规范的问题等）往往又都会暴露出来，有时甚至导致正常解聘工作难以开展。而规范的招聘工作程序，尤其是面试及人员甄选程序很好地解决了这个问题。

2. 招聘人员必须注意体检

体检是一些行业（如餐饮业等）上岗前的必须要求。需要强调的是，新招聘员工一定要持单位指定的医疗机构出具的合格体检证明，方可上岗。

3. 招聘人员必须进行试用期的考核

《劳动部关于贯彻执行〈中华人民共和国劳动法〉若干问题的意见》规定，劳动者被用人单位录用后，双方可以在劳动合同中约定试用期，试用期应包括在劳动合同期限内。同时，《中华人民共和国劳动合同法》

第十九条已经明确规定，劳动合同期限三个月以上不满一年的，试用期不得超过一个月；劳动合同期限一年以上不满三年的，试用期不得超过两个月；三年以上固定期限和无固定期限的劳动合同，试用期不得超过六个月。

试用期必须包含在劳动合同期内，试用期不能无条件延长。试用期的无限制延长极易造成劳动纠纷。

试用期考核对单位和员工个人都很重要。对单位来讲，通过试用期考核，可以尽早发现员工是否适应岗位的要求，以便进行合理的配置。对员工个人来讲，通过试用期考核，可以发现自己的优势与不足，更好地规划自己的职业生涯。

《中华人民共和国劳动合同法》还规定，员工在试用期间被证明不符合录用条件的，用人单位可以解除劳动合同。怎样才算"证明"？按照相关规定，经过考核后，认定员工不符合录用条件，并出具书面材料，这样的过程和结果就是"证明"。我们应该从思想上建立这样一个概念：只有完成了试用期的"考核"工作环节，招聘工作才算真正结束。

（二）解聘工作中需要注意的环节

解聘工作是劳动纠纷最容易出现的工作环节和阶段。究其原因，一是原来已经存在的若干问题，比如签订劳动合同及试用期的问题、加班费的问题、社会保险的问题等，到了这个阶段，全部都会暴露出来；二是解聘未按照规范的工作流程进行，增加了劳动纠纷发生的概率。解聘工作应注意以下几点：① 解聘要依法进行。必须以《中华人民共和国劳动法》《中华人民共和国劳动合同法》的相关规定为依据。② 解聘要有充分的理由，让被解聘员工心服口服。③ 解聘要严格按照程序进行，有专门的人力资源管理人员把关。④ 解聘要做好离职面谈工作，注意方式方法，尊重被解聘员工。

第二节 高校后勤员工培训与开发

一、员工培训与开发概述

（一）员工培训与开发的概念

培训是给新员工或现有员工传授其完成本职工作所必需的基本技能的过程。开发主要是指管理开发，指一切通过传授知识、转变观念或提高技能来改善当前或未来管理工作绩效的活动。培训与开发都是指组织通过学习、训导的手段提高员工的工作能力、知识水平，促进员工的潜能发挥，最大限度地使员工的个人素质与工作需求相匹配，进而促进员工提高工作绩效的手段。严格地讲，培训与开发是系统化的行为改变过程，这个行为改变过程的最终目的就是通过工作能力、知识水平的提高及个人潜能的发挥，明显地表现工作上的绩效特征。工作行为的有效提高是培训与开发的关键所在。总的来说，实施培训与开发的主要目的有：

①提高员工的工作绩效水平和工作能力。

②增强组织或个人的应变和适应能力。

③提高和增强员工对组织的认同感和归属感。

（二）高校后勤员工培训与开发的意义

高校后勤工作是对高校教学、科研和师生员工提供后勤保障和服务的组织活动，这就要求高校后勤在遵循教育规律、注重社会效益的同时，还要遵循市场规律，提升经济效益。加强员工培训与开发，不断提高员工队伍素质，发展成为学习型组织，一方面可以帮助高校后勤实现工作目标，另一方面可以促进员工自身的不断发展。

1. 高校后勤队伍建设的需要

在过去的一段时期，高校后勤社会化改革经过一系列的探索和实践，其管理体制和运行机制已经发生了很大的变化，经济效益和社会效益都取得了不小的进步。但是，受历史遗留因素和旧有体制的影响，高校后勤员工队伍仍然存在很多问题，并在一定程度上束缚了高校后勤的发展。

后勤人员身份复杂，既有高校事业编制的老职工，也有后勤聘用的合同工。

面对高等教育的快速发展，办学条件的逐步提高，如何改善高校后勤队伍现状，建立一支强有力的员工队伍，做好高校教学、科研的后勤保障工作，是高校后勤面临的一个重大课题。解决以上问题，首先要不断引入具备高技术、高能力的人才，充实员工队伍；其次要加强对现有员工队伍的培训与开发，提高员工整体素质和技能。

重视培训与开发有利于高校后勤的整体发展和长远发展，后勤管理人员通过分析后勤发展目标，针对不同员工制订切合实际的培训发展计划，一方面可以调动新老员工的积极因素，充分发挥各自优势，维持后勤保障队伍的稳定；另一方面可以在一定程度上改善后勤员工队伍现状，挖掘其潜力，不断提高其思想素质和技术能力，逐步建立一支思想素质过硬、业务知识扎实、工作效率高、崇尚合作的后勤团队，从而带动后勤事业的进步，满足高校的发展需要。

2. 高校后勤文化建设的需要

文化是维系一个组织生存和发展的精神源泉，任何一个组织要想获得长远发展，必须根据自身特点和环境规划自身的发展方向和价值理念，从而逐步发展具有自身特色的企业文化。这种文化符合组织实际需要，能够深入员工身心且能被员工信奉和遵守，是员工努力工作的动力。

高校后勤作为从学校规范分离出来的一个实体，在过去多年的历史发展中逐渐形成了自己的特色。但是，随着后勤社会化改革力度的不断加大，后勤相关主体之间利益的不断调整，高校后勤在做好思想政治工作，有针对性地解决员工实际问题的同时，必须主动、快速地确立高校后勤自身存在的价值，建立健康、积极的高校后勤企业文化，利用各种形式和渠道对员工进行培训和熏陶，使员工与后勤、后勤与员工之间良性互动，同步成长。

后勤管理人员通过培训，强化员工对后勤工作和发展目标的认同，提高员工对后勤组织的忠诚，培养员工对后勤发展的信心，将后勤文化和价值理念贯彻落实到实际工作中，为全校师生提供秩序井然、环境优美、功能优化的学习和生活环境，展现积极向上、和谐发展的后勤风貌。

3.高校后勤学习型组织建立的需要

对于高校后勤员工来说，工作环境一直比较封闭、单纯和稳定，这会在一定程度上导致员工安于现状、不学习、不求上进、缺乏市场竞争意识和创新精神，这种状况与高校后勤社会化改革的方向是相悖的。高校后勤要走向社会化、企业化的道路，成为自主经营、自负盈亏、自我发展、自我约束的经营服务实体，后勤员工就必须不断学习、不断创新，利用先进的机制、高质量的服务和技能取得服务对象和市场的认可。在这个过程中，高校后勤作为一个机构，无疑承担着为员工指引方向、创造学习条件的职能。通过加强员工培训与开发，鼓励员工不断地学习新的知识和技能，提升员工的学习热情，构建工作学习化、学习工作化的工作环境，形成"人人爱学习"的学习风尚，使员工树立终身学习、团队学习、全面发展的新观念，营造一种积极的学习氛围。在这种氛围中，员工将不断提高自身的素质，并将他们所学到的知识和技能直接运用到服务质量的改善上来，而且，改善的过程并不会在正规培训结束的时候停止，而是会逐步形成一个不断进步的学习型组织，而其组织中的成员，将是其他组织所不可模仿的，也必将成为后勤的宝贵资源，为高校后勤的发展注入不竭动力，不断推动高校后勤社会化改革的进程。

4. 高校后勤人力资源管理创新的需要

高校后勤在长期的历史发展过程中，逐步形成了具有自身特色的管理体制和观念。而在高校后勤社会化改革中，其管理体制和观念又有了一定的进步和创新。但是，受历史因素和旧有体制的影响，后勤对人力资源的认识和管理仍有一定的局限性，这就在一定程度上束缚了高校后勤事业的发展。

现代人力资源管理理论强调通过对劳动力的开发与合理配置，充分发挥劳动者的潜力和能动性，将劳动力转变为人力资源。多年以来，人们普遍认为后勤工作属于简单劳动，无须对劳动者进行开发和培训。但是，高校后勤面对的是高校师生，无论知识水平还是个人素质都属于较高层次，随着社会的发展和主体意识的增强，后勤服务对象的需求水平更是在不断提高。在目前后勤用工成本、工作条件和用人体制有限的条件下，用人单位不可能替换掉全部员工，因此，只有不断更新管理理念，通过加大培训力度，提高培训投入，挖掘后勤员工的潜在能力，发挥他们的能动性，提高其工作技能和工作效率，才能不断满足服务对象的需求，并使员工成为后勤的资源，为高校后勤的发展提供动力支持。

5. 员工自身发展的需要

马斯洛需求层次理论表明，人的需求是多层次的，在满足了基本的物质需求以后，人将追求更高层次的个人发展。对于一名员工，他（她）最初的目的可能就是找一份工作，获得一份收入，维持生计。但是，随着社会和个人的不断发展，以及生活水平的不断提高，员工越来越关注自身的发展，尤其是那些技能水平高、经验丰富的核心骨干，他们不仅会考虑职位上升的空间，还会考虑学习和培训的机会。

目前，高校后勤队伍力量一般比较薄弱。由于后勤工作的特殊性，在招聘和引进管理人才和技术人才时，高校后勤对其的吸引力并不高。在这种情况下，如果通过加强培训投入的方式，给员工创造培训和学习的机会，也将在一定程度上帮助我们保留和维系后勤现有管理骨干和技术骨干，奠定后勤发展的人才基础。

二、员工培训与开发的原则和方法

（一）员工培训与开发的原则

从花费的各种资源和员工的时间、精力角度来看，培训是一种成本相对较高的投资项目，因此，在制定整个培训规划中应遵循以下基本原则：

1. 与后勤发展战略相一致

员工培训战略是人力资源战略中的重要环节，而后勤人力资源战略是根据后勤发展战略确定的，培训战略的制定一定要遵循与后勤整体发展战略相一致的原则。

后勤发展战略是员工培训的出发点，无论为员工提供何种培训，其目的都是实现组织的总体战略目标，不同的战略目标对应的培训规划也应有不同的侧重。无论是选择培训对象，还是确定培训内容和方式，都应不断地提出和思考其选择是否能够为后勤的未来发展服务，只有能够为后勤持续发展带来收益的培训规划才是可取的。

2. 与员工职业规划相融合

员工职业规划是指员工一生经历的与工作相关的经验方式。正如前面所讲，随着社会和个人的不断发展、生活水平的不断提高，员工越来越关注个人的未来发展。因此，为员工设计职业生涯规划，既能帮助员工个人明确未来的发展方向，又能为组织的人力资源配置做好充分的准备工作。高校后勤在选人、用人、育人、留人的整个管理过程中，应该与员工通过各种形式计划其未来的发展方向，以及为了达到其发展的目的，应该完成哪些培训。培训与职业生涯发展规划密切相关，培训之前需要订立目标，并且目标应清晰、具体，既能与个人职业发展规划相融合，又能体现后勤的总体规划，从而使得员工认可培训的价值，并能努力配合，落实培训计划，达到双赢的目的。

3. 培训过程的整体性原则

很多组织在确定是否需要培训时，往往仅着眼于解决现存的问题，甚至"谁需要培训"的决策全凭主观来定，没有将培训需求分析上升到后勤、岗位、个人等三个方面的综合分析。因此，可能会出现培训效果与员工个人预期和后勤目标相距甚远的情况；因为没有需求的分析，也难以制订合理的培训计划，导致临时性的培训多于计划中的培训；同时，由于组织较为重视培训资金的投入问题，或者如何解决培训的方法或技术问题，对培训效果的评估不甚重视，从而缺乏完善的培训效果评估体系。

高校后勤要想高效完成员工培训工作，在组织管理过程中，必须克服盲目性、随意性、主观性，运用规范、科学的理论和方法，将整体性原则贯穿于培训需求分析、制订培训计划、培训实施、考核培训效果四个阶段。

4. 培训计划的差异性原则

结合后勤发展战略，分析、确定培训需求后，需要制订培训计划。培训计划重点包括培训对象、培训内容、培训方法三项内容。其中，培训内容和培训方法应随培训对象的不同而不同。例如，对于后勤决策层来说，他们需要根据学校的整体安排决定后勤的发展规划、经营战略、分配体制、重大人事安排等，因此，对他们的培训首先要保证其具备决策者的素质，培训内容应该增强其决策的能力，培训方式应该侧重于会议、讨论等交流类的方式；对于后勤中层管理干部，他们具体负责指挥、调配、组织人力物力，使决策得到落实和执行，因此，对他们的培训，培训内容应该强调对其执行力的培养，培训方式应该侧重于讲座、参观等方式；对于后勤操作人员，他们从事具体的生产与服务，直接面对服务对象，因此，对他们的培训应该更侧重于服务、生产技能方面的内容，培训方式应该侧重于演练、操作等实际动手的方式。

在培训中还要处理好全员培训与重点培训、管理人员培训与技术人员培训、长期培训与短期培训、文化培训与技术培训之间的关系。在有计划、有步骤地为后勤各级各类人员制订培训计划的同时，结合后勤的实际，重点培养一批技术骨干、管理骨干，使其既能满足当前的发展需要，又能满足后勤的长远发展。

（二）员工培训与开发的方法和技术

对员工进行培训有很多种方法和技术，而且，随着科技的发展，培训的新方法和新技术也越来越多，新技术的采用能给培训带来新的活力，并能对培训效果产生巨大影响。但是，每一种培训方法都有其优缺点，在实际操作过程中，我们应根据不同的需要和情况加以选择和使用。下面，结合高校后勤的特点，重点介绍一些比较适用于后勤的培训方法和技术。

1. 讲授法

讲授法一直以来都是培训的主要实施方法，也是后勤多年以来的传统培训方法。它通过教师或专家的语言表达，系统地向受训人员传授知识、技能和态度，期望受训人员能够记住其中的特定知识和重要概念。

讲授法的优点在于讲授内容集中，受训人员可以系统地接受新知识，容易掌握和控制学习的进度；还可以同时对多人进行培训，运用方便，比较经济。其缺点在于单向式传授，缺乏互动，缺乏实际操作体验；授课内容具有强制性，如果讲授内容过多，则会产生填鸭式的不良效果，使得受训人员对学习内容记忆效果不佳；学习效果容易受授课教师或专家的水平影响。讲授法对授课教师或专家的要求比较严格，要求他们具有丰富的知识和经验，讲授的内容具有科学性和系统性，讲授时语言清晰、生动准确、条理清楚、重点突出；必要时可运用板书或多媒体设备，以加强培训的效果。

讲授法比较适合员工学习和了解新知识、新技能，以及管理人员或专业技术人员了解专业技术发展方向、当前热点问题等方面的内容，还适合对后勤员工进行文化知识和技能、态度方面的全员培训。

2. 研讨法

研讨法是对观点、思想、态度和看法进行交流和探讨的一种方法，通过交流和探讨来解决实际工作中出现的问题。实际上，研讨法是高校后勤最为常见、最为通用的一种培训方法。

研讨法鼓励受训人员积极思考，主动提出问题，表达个人的感受，有助于激发学习兴趣，增强参与意识，在讨论中取长补短，互相学习，凝聚集体的智慧；有利于提高受训人员的责任感和参与意识，改变工作态度。但是，研讨法不利于学员系统地掌握知识和技能，且对受训人员的要求条件较高，最好是工作经验和知识技能丰富的员工。研讨法对培训的组织要求较为严格，组织者一定要事先确立讨论主题和主持人，参训人员必须围绕主题展开讨论，主持人在讨论过程中起到引导和协调的作用，并在讨论结束时适时地进行总结和归纳。

研讨法比较适用于管理人员和项目团队的培训，或用于解决某些有一定难度的问题，而且对提高员工的沟通能力、思维能力、学习能力和团队协作能力也有促进作用。

3. 案例研究法

案例研究法是指向受训人员提供一些实际生活和工作中的案例，要求受训人员对案例中的信息进行分析，就其中存在的问题进行讨论、分析，根据具体情况做出决策，从而提高和改进受训人员观察问题和解决问题的能力和方法。

案例研究法的优点在于参与性强，使学习活动更为具体，变被动学习为主动学习；由于案例是建立在现实生活和工作的基础上的，一方面，可以将知识的传授融入受训人员解决问题的能力中，另一方面，可以激发受训人员的学习积极性，为针对具体问题的讨论和交流提供机会。其缺点在于案例的准备时间长且要求高；案例分析需要较多的时间，同时对受训人员的能力要求高；无效的案例往往浪费时间。因此，案例研究法对培训讲师和受训人员的能力要求都比较严格，他们必须熟悉和了解相关的理论工具。

案例研究法将传授知识和提高能力两者很好地融合在一起，是一种非常有特色的培训方式，比较适用于管理人员和专业技术人员的培训，培训内容多为一些管理理论和专业技术知识。

4. 工作轮换法

工作轮换法是指有计划地让受训人员在不同部门承担不同种类的工作，以开发员工多种能力的培训方法。这种方法可以使员工更全面地了解不同部门的不同工作内容，获得各种不同的经验，丰富阅历，为其以后的发展奠定基础。

工作轮换法的特点在于实践性强，尤其适合管理人员的培养。后勤是一个工作内容繁杂、业务种类较多的组织，工作轮换法有助于员工熟悉集团各个部门的业务，丰富自己的工作经验，促进其学习新的专业知识，掌握新的技能，从而使其在以后的管理中将各个业务部门的工作进行充分的协调。同时，这种方法也比较适用于新员工的培训，使其更快地适应后勤的工作环境和企业文化。

5. 指导计划法

指导计划法是在实践中迅速提高能力和管理水平的一种培训方法，实际上就是在组织内建立导师制，由具有丰富经验和优秀管理技能的老员工与经验不足但是比较有发展潜力的管理干部或新入职的员工建立起具有支持性的关系，通过言传身教的形式，使后者在基础管理技巧、问题解决方法、资源管理和应用等方面不断向熟练、优秀的老员工学习。

这种"导师制"的指导对双方都有益处，具体表现在：一方面，被指导者在指导者的帮助下，能够更为快速地熟悉组织的情况，同时向指导者学习而获得管理技能、操作技巧的提高；另一方面，指导者在指导新人的过程中可以获得心理满足和个人关系上的回报。

这种指导方式主要在三个方面产生作用：一是为被指导者建立一个支持性的环境，在这个环境下，被指导者可以和指导者讨论与工作相关的问题；二是具有提高和发展的导向，指导者向被指导者提供如何提高管理技能和工作技巧，如何提高工作绩效等方面的说明，同时，被指导者也可以提供一些新的管理理念和想法，指导者由此可以获得更多新的观念；三是指导者可以通过给被指导者提供更具挑战性的工作，给被指导者施加更大的压力，从而使其取得更大的进步。此种培训方式适用于对后备干部的培养及操作性较强、程序清晰的培训内容，培训对象涵盖高、中、基层员工，以及新入职的员工。

6. 角色扮演法

角色扮演法是指受训人员在特定的场景中或情境下扮演组织分派给他们的角色，从而达到借助角色的演练来理解角色职责的目的，并提高解决问题的能力。

角色扮演法的优点在于受训人员受场景感染，印象深刻；还可以积极调动受训人员的参与热情，较快地发现受训人员对角色的理解程度，从而可以及时给予指导和反馈。其缺点在于组织程序复杂，准备时间较长。

角色扮演法主要运用在人际关系问题的分析、人际关系技能的发展及态度的改变等方面。运用角色扮演法，可以使受训人员有机会经历许多工作中的问题。受训人员尝试用各种不同的方法解决问题，并且考虑哪种方法更容易取得成功。角色扮演的学习效果取决于参与者是否愿意实际地扮演角色，并像在真实的工作环境中一样表现。

7. 游戏培训

游戏培训就是把受训人员组织起来，就一个模拟的情景进行竞争和对抗似的游戏，寓教于乐，增强培训情景的真实性和趣味性。通过把游戏引入培训活动，使受训人员通过娱乐活动的方式加强对知识、技能和态度的理解，提高受训人员解决问题的技巧，增强其竞争意识和团队意识，提高其领导才能和团队精神。

游戏培训的优点在于具有较高的趣味性和挑战性。由于其不同于传统的培训模式，没有黑板、粉笔、讲义和照本宣科的教师，而是运用先进的科学手段，综合心理学、管理学、行为科学等方面的知识，积极调动受训人员的参与性，因此其互动性非常强，而且可以使枯燥无味的概念变得生动有趣、通俗易懂。

游戏培训适用于管理人员和项目小组培训，通过这种培训，可以提高成员的团队合作能力。

8. 情景模拟

情景模拟是一种模仿现实生活和工作中场景的培训方法，在这种场景下，受训人员做出的决定所产生的结果就是受训人员在现实工作中做出同类决策所可能产生的结果。这种培训方法可以使受训人员在没有风险的情况下，真切地看到他们行为决策的后果，从而掌握工作所需的技能。

情景模拟的优点在于可以通过受训人员在模拟情景中的角色扮演，强化受训人员对培训内容的理解和体会，切实地提高他们的工作能力；其缺点在于模拟情景的设计比较困难，准备的时间长、费用高。

情景模拟适用于管理技能开发和新员工培训。

9. 演示法

演示法是指运用一定的实物和教具进行示范教学，使受训人员明白某项工作是如何完成的，然后让学员实际操作，并给予其一定指导的教学方法。

演示法的优点是有助于激发受训人员的学习兴趣，可利用多种感官，做到看、听、想、问相结合，获得感性知识，加深对所学内容的印象；其缺点是需要更多的资源和时间，费用较高，对场地和指导教师要求较高，且准备时间也较长。

演示法适用于操作性比较强的培训内容，如高校后勤基层员工的操作培训。

10. 参观访问法

参观访问法就是指针对某一特殊环境、事件或问题，有计划、有组织地安排员工到同行业或相关部门进行参观访问的一种方法。

参观访问法针对性强，通过实地考察，员工可以从同行业或相关部门处学习先进的管理理念、方法或操作技能。这种培训方法生动、具体，且能开阔视野，丰富经验，启发智慧，巩固知识和技能。

参观访问法主要适用于某些无法或不宜于在课堂上讲授的问题。通过参观访问，帮助员工了解、学习外界的先进知识和做法。各高校后勤工作人员作为同行业员工，可以多利用这种培训方式，相互学习，逐步提高各自的管理水平。

11. 野外拓展训练

野外拓展训练又被称为外展训练，是一种让参加者在不同于平常的户外环境下，直接参与一些精心设计的程序，继而自我发现、自我激励，达到自我突破、自我升华的新颖有效的训练方法。

野外拓展训练是借鉴先进的团队培训理论，由传统外展训练发展而来的。它利用大自然的各种条件，通过设定具体的任务与规则，结合大自然环境本身存在的各种险阻、艰辛、挫折等困难来提升个人的意志力，以及团队的沟通能力、协作能力和应变能力。

野外拓展训练适用于提高团队合作、解决问题、较快适应环境等方面的能力，是比较现代化的一种训练手段。

12. 网络培训

网络培训是伴随着科学技术和网络技术的发展而出现的一种培训方法，其是指将文字、图片及影音文件等培训资料放在网上，供员工学习和使用。

网络培训的开展方式灵活，能够节省集中培训的时间与费用；内容更新较快、信息量大；员工学习自主性较大，没有时间限制，而且对学习内容的选择也比较自主，符合分散式学习的新趋势；新知识、新观念传递快，颇受人们欢迎。

高校后勤部门一般都建立了自己的网站，可以充分利用学校的网络资源，对后勤员工进行网络培训。

三、员工培训与开发的组织和实施

高校后勤为了保障员工培训的有效实施，就要注意做好以下七个方面的工作：

（一）转变思想观念，树立科学的培训理念

培训是需要花费财力、物力、人力和时间的，而对于高校后勤来说，由于其经营的特殊性，过去多年来在培训与开发的投资上是非常有限的，而且很多人对培训存在误解，把培训看作可有可无的事情，认为培训加速了人才流失、培训效果很难在短期内体现出来、培训只是培训部门的事情等。因此，尽快转变思想观念，树立科学的培训理念，对建立有效的高校后勤培训体系非常重要。

1. 正确对待培训后受训人员的离职问题

一方面，培训应该是吸引优秀人才的手段，而不是人才流失的原因，因此，受训人员离职的关键原因不在于培训。如何保留优秀人才，任何一个组织都应该有一套适合自身的体系，在物质方面要满足员工的合理需求，在精神方面要多多关心员工。另一方面，受训员工的离职带走的是其个人学到的技能和知识，但是整个组织的文化和氛围是无法带走的，减少培训不利于吸引人才和保留人才。因此，在员工培训方面，高校后勤不能因噎废食，对培训抱有偏见。

2. 对培训不能急功近利，缺乏长期投资意识

在实际工作中，一方面，高校后勤琐事繁多，由于工作时间紧张，总觉得没有时间安排或参加培训；另一方面，一旦发生培训，多为临时敲定，往往是出现问题后才发觉培训的重要性，因此希望通过一次两次的培训，使得受训员工立即掌握解决问题的方法，甚至希望受训员工从素质到精神面貌都发生根本性的变化，殊不知，无论是从将理论知识转化为生产力方面，还是从有具体实践的机会方面，培训都需要经过一段时间才能体现效果。因此，高校后勤在员工培训方面，切忌目光短浅，急功近利，缺乏长期投资意识。

3. 培训是培训部门和业务部门的共同职责

在一个组织中，培训需要多方面的支持，尤其是高层和各级管理者的支持，以及业务部门的配合，这样培训才能有效开展。高校后勤组织中每一个管理人员都应意识到，指导、发展下属人员是其不可推卸的职责，而培训恰恰是指导和发展下属人员的一个重要方面，因此，直接管理人员肩负着对下属人员的培训职责。业务部门的员工培训首先应该由业务部门的管理人员提出来，人力资源部门或培训部门协助其进行需求分析，选择培训方式，由此可见，培训是培训部门和业务部门的共同职责。

（二）制定培训制度，保证培训有序开展

制度是落实管理理念和行为、提高工作效率和效力的基本保障。高校后勤加强培训的重点工作，就是要制定培训制度，完善培训体系。这是保证培训有序开展的关键，也是后勤培训不断发展的动力源泉。完善的培训制度能够有效地调动后勤员工参加培训的积极性和自觉性。通过对后勤员工的培训需求分别进行分析和细化，制定科学规范的培训制度，明确不同层次、不同类别员工的培训内容，使员工目标清晰、学有方向、学有所成，不断提高自己的职业技能和业务素质。同时，把培训的职责、方式、经费等内容以制度的形式规定下来，能够保证培训实施的顺利进行。总之，建立完善的培训制度是保证培训工作有序开展的基本前提。

（三）细化培训需求，做到有的放矢

培训是一项投资，其直接成本和间接成本都比较高，而高校后勤社会化的最终目的也是要符合市场规律，因此，在培训投资上一定要注意其投入产出比，也就是说高校后勤应该以经济人的理性化思维来确定培训需求。

培训需求分析需要从组织、工作、个人三个层面来进行分析。首先，进行组织分析。组织分析就是要明确组织的发展目标和人力资源状况。根据组织的运行计划和远景规划，预测组织未来在技术上和组织结构上可能发生的变化；发现现有的人力资源在满足这些变化的需要方面，哪些员工需要在哪些方面进行培训，以及这种培训真正见效所需的时间，以推测培训期的长短。其次，进行工作分析。工作分析是以岗位工作为分析单位，分析员工所要完成的工作任务，以及成功地完成这些任务所需的技能和知识。最后，进行个人分析。个人分析是将员工现有的水平与未来对员工技能的要求进行比照，发现两者之间的差距，从而确定培训的需求。人员分析包括两部分，一是对新员工的培训需求进行分析，帮助他们尽快适应组织、适应工作，包括思想意识和技能方面；二是对现有员工的培训需求进行分析，主要通过绩效评估的方式进行，找出那些与组织期望绩效有差距的员工，分析产生差距的原因，从而为提供有针对性的培训做好准备。

（四）完善培训评估机制，确保培训效果

员工培训目标是否实现，培训方案是否科学，培训组织实施是否达到预期效果，都需要通过培训评估机制去掌握。因此，培训效果的评估是培训工作中的一个重要环节。

培训评估是一项复杂的管理活动，需要根据具体情况选择评估的方面。培训评估一般可以从四个层面进行，即反应层、学习层、行为层和结果层。反应层评估是指受训人员对培训项目的看法，包括对材料、教师、设施、方法和内容等各方面的看法，可以通过问卷调查进行。学习层评估是指对受训人员关于原理、事实、知识和技能的掌握程度的评估，可以通过笔试、绩效考试等方法来了解评估受训人员在培训前后关于知识、技能的掌握方面有多大程度的提高。行为层评估往往在培训结束一段时间以后，由领导、同事或服务对象观察受训人员的行为在培训前后是否有差别，受训人员是否在工作中运用了培训中学到的知识和技能。结果层评估则上升到后勤部门整体的高度，即后勤是否因为培训而运营得更好了。这可以通过一些具体指标来衡量，如生产率、员工流动率、安全事故率及顾客满意度等。在培训评估中，培训标准的制定是整个培训评估过程的基础，通过是否达到标准来检验培训效果，发现培训工作中存在的问题，检验培训项目是否符合后勤实际需要，从而最大限度地确保培训的效果。

（五）建立员工培训体系，挖掘培训资源

首先，高校后勤应构建多层次、多形式、多目的的培训体系。培训层次可分为高级培训、中级培训和初级培训；培训形式可分为在职培训、脱产培训和半脱产培训；培训目的可分为文化培训、技能培训、岗位培训等；培训内容应涵盖一般性培训、专业培训、管理培训及交叉培训。后勤应该针对不同的培训对象，根据不同的培训要求和目的，选择相应的培训形式和内容。

其次，培训机构有两类：外部培训机构和内部培训机构。这两类培训机构各有优势，可应用于不同的培训对象和培训内容。对于后勤中高层管理人员及普通职工的专业技术知识培训，可以请外部培训机构进行，使受训人员尽可能多地接受外界先进知识和理念；而对于普通职工的岗位培训，则应该利用各种方式在内部挖掘培训资源，做到人尽其才。利用内部培训资源的优势在于培训人员对后勤背景、特点及工作内容非常了解，培训针对性和实用性很强，这样既可以降低培训成本，又可以挖掘员工的潜能和一些潜在的人才。

（六）加强思想政治教育，提高员工的职业道德

良好的职业道德和过硬的政治素质是全社会劳动者必须具备的。高

校后勤要通过各种形式教育和培训员工，无论社会分工如何、职位高低、能力大小，都应该本着爱岗敬业、诚实守信、尊重职业的思想，处理好自己与后勤、自己与服务对象之间的关系，尊重人、理解人、关心人，在职业活动中遵循道德行为准则，养成良好的职业观念和职业态度，具备严明的职业纪律和职业作风，做一名具备职业道德的合格的后勤人。

（七）重点加强对以下几类人员的培训与开发

1.加强新入职员工的岗前培训

岗前培训通过预先规划好的各种活动，一方面把新员工介绍到组织中，另一方面向新员工提供成为组织中一名合格成员所应具备的基本知识、态度和技能等。

岗前培训可分为一般培训和专业培训。前者是由后勤的人事部门进行的，包括对后勤的历史发展、后勤现状及构成、后勤的文化及后勤的各项规章制度等方面的培训内容；后者是由员工所在部门进行的，包括对所在部门的介绍、领导和同事的引见及岗位职责的说明等方面的培训内容。

岗前培训非常重要，它有助于减轻新员工的焦虑感，消除不安情绪；有助于增强新员工的归属感，尽快融入组织。

2.加强管理人员管理培训

一支强有力的管理队伍的支撑对于一个组织的重要性毋庸赘言。高校后勤目前的管理人员多为具有多年工作经验的老职工，他们一般靠多年工作经验的积累来做后勤的管理工作。高校后勤应该针对这一特点建立专门的管理培训体系，为他们量身打造符合高校后勤特点的管理培训。这些培训投资对后勤的长远发展是非常有利的，一方面，受训人员可以不断更新和提高管理理念，同时影响周围人和下属的思想观念，从而带动后勤管理程序的改善，降低管理成本，提高管理效益；另一方面，可以避免后备人才的"断档"，使得后勤在未来发展中管理人员方面不出现"瓶颈"。

管理人员可以通过指导计划、工作轮换、参观访问、管理培训讲座等各种途径进行培训。经验丰富的老员工可以多参加管理培训讲座，学习管理理论和知识；而阅历较浅的年轻员工则可以利用指导计划、工作轮换等方法，尽快地掌握后勤的历史背景和工作特点，最终达到理论结合实际的目的。

3.加强基层员工技能培训

高校后勤具有服务业劳动力密集的一般特点，大量的基层员工每天为广大的师生员工提供面对面的生产与服务，基层员工生产与服务的技能水平直接体现后勤整体的服务水平。加强技能培训，全面提高基层员工的素质和技能对于后勤事业的发展具有重要意义。

对于后勤的基层员工，他们所需要的是解决实际问题和关于专业工具具体使用的知识，他们既要在培训中学习一定的理论知识，又需要在生产现场的具体设备上进行操作。为此，高校后勤要坚持理论联系实际、按需施教、学以致用、讲究实效的培训原则，针对生产运行的难点和薄弱环节组织基层员工培训，提高员工的专业知识和实际操作能力。尤其注重以按章操作为主要内容的安全技能培训，强化员工安全意识、规范安全操作培训。此外，可以利用技能大赛等方式来对基层员工的培训进行评估和考核。

4.加强外来务工人员培训

在高校后勤员工队伍中，外来务工人员所占比例越来越高，其素质的高低直接关系到高校后勤自身的未来发展，因此，高校后勤应该结合自身实际，针对外来务工人员的特点及其需要，加强对外来务工人员的培训，创建和谐用工环境，建立和谐劳动关系。

　　针对外来务工人员，高校后勤应该采取成本低、见效快的培训形式，其培训内容应该减少理论，增加与实践相结合的机会。例如，以经验丰富的老员工带徒弟的方式，提高外来务工人员的工作技能；利用小册子、会议、板报等各种渠道进行适时培训，宣传后勤文化和后勤精神；与职业技术学校联合，进行"订单式"培训。职业技术学校一方面具有较丰富的培训经验，另一方面，他们具有相对稳定的师资队伍和一定规模的培训基地，高校后勤应该充分利用职业技术学校的优势和资源，与他们建立长期的合作，为高校后勤培养具有较高服务技能和操作技能的基层员工。

　　工欲善其事，必先利其器。培训与开发是人力资源投资的重要形式，是开发现有人力资源、提高员工素质的基本途径，更是吸引优秀人才、维系核心骨干的重要手段。我们应认清形势，分析利弊，适应发展，逐步树立正确的培训理念，重视人力资源培训与开发，建立培训开发机制，不断提高后勤组织及员工个人学习和创新的能力，为高校后勤可持续发展奠定坚实的基础。

第三节　高校后勤薪酬管理

一、薪酬管理概述

（一）薪酬管理的定义

薪酬是员工为企业提供劳动而得到的货币报酬与实物报酬的总和，是劳动力价格的支付形式，同时在市场经济环境下也是人力资本竞争的价格表现。薪酬可分为经济性薪酬和非经济性薪酬两类。经济性薪酬又包括直接薪酬和间接薪酬，直接薪酬包括基本工资、奖金、津贴、补贴、股权和红利等；间接薪酬指企业向员工提供的各种福利。非经济性薪酬是指员工由于工作本身所获得的满足感，包括参与决策、较大的工作自主权、工作认可、挑战性工作、工作环境、工作氛围、个人发展机会、职业安全、荣誉等。

所谓薪酬管理，指的是一个组织根据员工所提供的服务来计算和确定他们应当得到的报酬总额、报酬结构和报酬形式的过程。在这一过程中，企业就薪酬水平、薪酬体系、薪酬结构及特殊员工群体的薪酬做出决策。薪酬管理的目的不仅是让员工获得一定的经济收入，使他们能够维持并不断提高自身的生活水平，而且还要引导员工的工作行为，激发员工的工作热情，不断提高他们的工作绩效，这也是薪酬管理更为重要的目的。

（二）高校后勤开展薪酬管理的意义

1.薪酬管理决定高校后勤人力资源的合理配置与使用

薪酬是对人力资源进行合理配置的一个基本手段，在人力资源的开发与管理中具有举足轻重的作用。薪酬一方面代表了劳动者能够提供的不同劳动能力的数量与质量，反映劳动力供给方面的基本特征；另一方面代表了用人单位对人力资源需要的种类、数量和程度，反映劳动力需求方面的特征。薪酬管理的目的是运用薪酬这个人力资源中最重要的经济参数，引导组织的人力资源向着合理的方向流动，从而达到组织目标的最大化。

2. 薪酬管理体现激励

好的薪酬管理制度体现三种激励：① 物质激励，即通过按劳付酬来刺激劳动者掌握更多、更精的劳动技巧以提高劳动效率，从而获得更多的劳动报酬以及更好的工作岗位。② 精神激励，即通过个人贡献奖励方式来肯定劳动者在劳动过程中的自我实现，进而体现人本主义理念，并使劳动者明白：只有具备敬业精神，才能够更好地实现个人价值。③ 团队激励，即通过劳动者的个人业绩与组织目标之间的关系，来鼓励劳动者参与组织的利润分享，从组织受益的角度对劳动者所做的努力进行酬谢，从而增强劳动者的团队意识和合作精神。可见，成功的薪酬管理通常能极大地调动和发挥劳动者的积极性和创造性。反之，则会挫伤劳动者的积极性和创造性。

3. 薪酬管理直接关系到高校后勤的稳定

薪酬是员工进行消费的主要收入来源。因此，在薪酬管理中，如果薪酬标准确定过低，员工的基本生活就会受到影响，从而带来工作中的不良情绪，对高校后勤工作产生影响；如果薪酬标准确定过高，又会使人工成本过高，使高校后勤负担过重。

二、薪酬管理的实施与设计

薪酬管理的实施与设计先要进行工作分析，在此基础上形成岗位说明书，继而确定薪酬水平及薪酬结构。

（一）进行工作分析，确定高校后勤薪酬管理的依据

1. 岗位分析

岗位分析是对各类岗位的性质、任务、职责、劳动条件、环境及员工承担本岗位任务所应具备的资格条件而进行的系统分析和研究，并制定岗位规范、工作规程说明等的过程。通过岗位分析，组织可以确定某一工作的任务和性质是什么，哪些类型的人适合从事这项工作。可以说，岗位分析是进行薪酬管理的基础和重要依据。

对每个岗位的分析都要解决以下六个重要问题：① 这项工作包括哪些工作内容；② 工作将在什么时间、什么节奏下进行；③ 工作将在什么地方完成，工作环境如何；④ 怎样完成这项工作；⑤ 为什么要做这项工作；⑥ 要完成这项工作需具备哪些资格条件。这六个问题涵盖了一项工作的职责、内容、工作方式、环境及要求五大方面。岗位分析即通过调查研究，梳理该项工作在这五个方面的内在联系。所以，岗位分析的过程从某种意义上来讲就是一个工作流程分析和岗位设置分析的过程。

2. 职位评价

职位评价是岗位分析和薪酬制度设计之间的一环。它以岗位分析的结果作为评价的事实依据，进而为科学的薪酬制度设计提供理论依据。

职位评价的最终目标是确定企业中不同岗位相对价值的大小。它涉及一项规范的、系统的、多因素的对比，以决定一个职位的相对价值，并最终确定这一职位的薪酬等级。如果企业的决策者已经通过工资调查（或者是直接用职位评价技术）了解了如何确定关键基准职位的工资水平，再使用职位评价技术来确定企业中与这些关键职位相关的其他职位的相对价值，那么，决策者就能够较为公平地确定其企业中所有职位的工资水平。

科学的职位评价有以下四种最基本的方法：

（1）排序法

排序法是四种方法中最简单的一种。在排序法中，评价者根据岗位分析建立一套评价指标体系和权重体系，考察工作说明和工作规范中每一项规定对于组织价值的大小，并按照指标体系进行排序，通过加权即可得到每个职位的相对价值大小。排序法的优点是简便、容易操作，但在其应用中经常出现一些主观判断上的问题。例如，由于只是进行简单的相对价值的排序，在差异的大小上并没有明确的标准，这时只能依赖主观的估计，这种估计往往是不精确的。

（2）因素比较法

因素比较法可以确定哪个职位相对其他职位具有更多的确定性报酬因素，是简单排序法的一种改进。这个方法会根据每个报酬因素对所有职位进行排序，比如，首先依据"风险责任大小"要素进行排序，然后是"技术含量"，再依据"劳动强度"要素排序，以此类推。最后综合考虑每个职位的序列等级，并得到一个加权的序列值作为该职位的最终得分。

（3）因素计点法

因素计点法与因素比较法相似，都建立在对报酬因素评价的基础上。因素计点法将每个报酬因素划分成若干等级，且每个因素的等级都是当前职位的现实情况。通常给每个因素的各项赋予不同的点值。因此，一旦职位中各个因素的等级确定下来了，就只需要将各个因素相对应的点值相加，就能得到该职位的总点值，即薪点。

（4）分类法

分类法指的是通过确定若干种类或级别来描述一组工作。在使用这一方法时，首先需要明确界定和说明每一类（级）工作。所谓工作类，是指在工作内容上相似的一组职位；所谓工作级，则是指除了复杂程度相似之外，其他各方面都不同的一组职位。评价者通过将工作说明和各个工作类（级）别说明进行比较，与工作说明最一致的类别说明便决定这一工作的分类。

岗位评价的结果，可以综合考虑上述四种方法。

3.编制科学的岗位说明书

岗位说明书是岗位分析与职位评价的结果。为了让岗位说明书更加科学合理，更好地发挥作用，在编写时应该注意以下几个方面：

①岗位说明书力求简洁，要突出重点；

②重视岗位说明书的编写过程；

③根据动态环境的变化修改岗位说明书。

（二）确定高校后勤薪酬水平

高校后勤确定基本薪酬水平要考虑以下几个因素：

1.生活费用

在制定薪酬时，高校后勤必须考虑当时的生活水平，确保员工及其家属获得维持生活费用的薪酬，以保障员工的基本生活。

2.负担能力

薪酬和企业的生产能力有关，如果企业担负的薪酬超出其负担能力，企业就会破产或解体，所以薪酬总额须以企业的负担能力为上限。

3.当地通行的薪酬水平

高校后勤在确定薪酬水平时，必须进行薪酬调查，了解掌握当地薪酬水平，避免与实际和市场脱节。

（三）确定高校后勤薪酬结构

薪酬结构指的是员工薪酬的各个构成项目以及各自所占的比例，其类型主要包括以绩效为导向的薪酬结构、以工作为导向的薪酬结构、以能力为导向的薪酬结构和组合薪酬结构等。

1. 以绩效为导向的薪酬结构

以绩效为导向的薪酬结构的特点是员工的薪酬主要根据其近期的劳动绩效来决定，会随着他们劳动绩效的改变而变化，因此并不是处在同一岗位或技能等级的员工会获得同等数额的薪酬。就行业环境来看，处在竞争性较强的行业环境中的组织更适合实施以绩效为导向的薪酬结构，如信息、计算机、消费品、家电等行业；就岗位来看，高层经营管理类、部分产品开发类岗位、市场销售类、适合计件的操作类岗位等比较适合采用这种薪酬制度。总的来说，如果员工能够通过自身努力在很大程度上影响组织的工作产出，就可以实施以绩效为主的薪酬制度。

按绩效付薪酬的优点较为明显，主要有以下三个方面：第一，员工的收入和业绩直接挂钩，公平公正，能够产生明显的激励效果。第二，员工的工作目标十分明确，通过层层目标分解，整体的组织战略容易实现。第三，前期无须支付过高的人工成本，当组织整体绩效不好时在一定程度上能够节省人工成本。

当然，按绩效付薪酬的制度也存在着一定缺陷：第一，员工收入与个人绩效挂钩的话，会导致部门或者团队内部成员出现不良竞争，即为取得更好的个人绩效，同一团队的员工可能会减少合作甚至恶意竞争。因此，在部分需要团队协作制胜的岗位或者任务上，不应过分强调个人绩效与收入的关联作用。第二，通常情况下，绩效评估很难做到客观准确。高绩效可能是环境条件带来的，和员工自身的努力并没有太大的关系，反之亦然。在绩效评估制度和考核系统还不完善的情况下就直接将收入和绩效挂钩，势必会造成新的不公平，反而无法发挥绩效付酬的激励作用。第三，绩效付酬的假设前提是金钱对员工有较大的刺激作用，长期使用容易会产生相应的导向作用，但当企业出现经济增长缓慢的情况时，无法给员工提供高的物质方面的报酬，从而导致薪酬对员工的激励力度大幅下降，因此在企业困难时，员工很难与企业"共渡难关"，可能会选择消极工作甚至离职。

要想实施绩效为主的薪酬制度，绩效管理基础就要非常牢固，其中有两条线要建设得比较完善——职责线和目标线，即要求岗位职责体系明确、目标分解合理。其中，绩效目标及衡量标准的确定是关键。如果不确定科学合理的绩效目标，员工的努力就没有明确的方向或者根本无法实现所设定的目标，在这种情况下，绩效对员工的激励作用就会大打折扣。

2. 以工作为导向的薪酬结构

以工作为导向的薪酬结构是指员工薪酬主要由其所担任职务的重要程度、任职要求的高低及工作环境等对员工的影响来决定，薪酬的增长在很大程度上依赖于职位的晋升。就组织类别而言，这种薪酬结构适合用于传统的科层组织。此类组织的职位级别较多，外部环境相对稳定，且市场竞争压力相对较小。就岗位类别而言，则较适合职能管理类岗位。对于这类岗位上的任职者来说，有效地履行其工作职责是最为重要的，因为只有这样，岗位价值才能得以真正实现。

以工作为导向的薪酬结构对于激发员工的责任心、提高其工作热情，调动其工作积极性以争取晋升机会等方面都具有重要意义，但其不足也较为明显。第一，如果一名员工长期以来都得不到晋升，尽管其岗位工作越来越出色，但收入水平却很难有较大的提高，逐渐就会对其工作的积极性产生消极影响。比如，某员工的直接上级十分年轻，且组织相对稳定，在短期内没有空缺的晋升职位，那么他的职业发展就会缺乏前景和希望。第二，以工作为导向的薪酬模式注重内部岗位价值的公平性，所以在从市场上选聘稀缺人才时，很可能会因为内部薪酬体系的内向性而无法满足稀缺人才的薪酬要求，从而无法吸引到急需的管理和专业技术人才。

3.以能力为导向的薪酬结构

以能力为导向的薪酬结构主要依据员工所具备的技能水平来决定薪酬，其目的在于促使员工不断提高其工作技术和能力水平。它比较适合于大规模的或生产技术为连续流程性的行业及服务业，比如医院、电子、汽车行业等。

实施以能力为导向的薪酬模式，首先是要明确工作内容和工作任务，以及相应的需要具备的工作技能；接着要根据实际情况划分技能等级，对每个等级进行准确、客观的定义；然后要确定每个等级的薪酬水平；最后要对所有员工进行技能评定，并根据评定结果来确定每个员工的技能等级。所以，技能体系的完善是实施技能工资的基础，对员工技能的客观评定是其中的关键环节。

以能力为导向的薪酬结构的优点主要表现在：

① 员工更加注重能力的提升，就相对容易转换岗位，进而增加了发展机会和发展空间。

② 对于那些不愿从事行政管理岗位的员工来说，他们可以选择深耕专业领域，同样可以获得好的薪酬待遇，这对企业来说也留住了更多专业技术人才。

③ 随着员工个人能力的不断提升，企业的灵活性和环境适应能力等也会相应增强。

但以能力为导向的薪酬结构的不足也值得注意：

① 同一岗位上，员工因技能不同获得不同的收入，容易造成不公平感。

② 具备高技能的员工未必能有高的产出。

③ 对员工的技能进行界定和评价难度较大，管理成本高。

④ 当员工着眼于自身技能的提高时，可能会忽视当前工作目标的完成和组织的整体需要。

⑤ 已经达到技能顶端的人才较难进一步地被激励。

4.组合薪酬结构

组合薪酬结构是把薪酬分解为几个部分，分别依据工作绩效、岗位、专业技术和培训水平、年龄及工龄等因素来确定薪酬。这种复合式的薪酬结构使得员工在每一方面的劳动付出都能获得与之对应的薪酬，不管是在哪个因素上比别人出色，都能在薪酬上有所体现。

在实际的薪酬管理中，单纯采用以绩效为导向的薪酬结构、以工作为导向的薪酬结构或以能力为导向的薪酬结构的情况并不常见，往往是把几种薪酬结构结合起来，扬长避短，互为补充。因此，应用最广泛的是组合薪酬结构。

高校后勤各部门虽然都是以服务于学校的教学科研、服务于全校教职工为共同目标，但由于涉及的行业种类繁多，如住宿、餐饮、零售业、修缮、交通运输等，其薪酬模式的设计不可能是单一的。每个部门应根据自身行业特点建立适合自己部门的薪酬结构，不能只采用固定的一种，而是应该既包含固定薪酬部分，如岗位基本工资、技术能力工资、工龄工资等，又包含浮动薪酬部分，如业绩工资、效益工资等。

第三章　高校后勤工作之业务管理

第一节　高校资产管理

一、高校资产管理的定位及特点

（一）高校资产的内涵和特点

1.高校资产的内涵

高校资产属于行政事业单位国有资产，是指由高校及其所属单位占有使用的，在法律上确认为国家所有，能以货币计量，并能给高校及其所属单位带来经济效益的各种经济资源的总和，包括国家下拨的资产以及学校按照国家政策规定运用国有资产组织收入形成的资产，以及所接受的捐赠和其他经法律确认为国有的资产。

高校资产主要包括房屋建筑物、仪器设备、图书资料和无形资产这四大领域，它们占高校资产总量的主体部分。其中，前三类资产属于实物资产，基本实现了规范化管理。而第四类无形资产则是依附于一定的主体而存在的、不具有实物形态而具有资产使用价值的某种特定权利或知识产权，包括专利权、非专利技术、商标权、著作权、商誉、名称专用权等。当前知识产权日益受到重视，无形资产在资产总值中的比例也逐渐增大，将处于资产增值的主导地位，是高校资产管理中的难点。

2. 高校资产的特点

（1）资产必须是一种经济资源

这种经济资源具有为拥有、占有单位开展业务或其他活动提供或创造客观条件的某种经济权利或经济潜能。也就是说，这种经济资源必须具有使用价值，必须能够为拥有、占有其的单位创造一定的经济效益或社会效益，只有具备这种条件的经济资源，才能被确认为资产。

（2）高校资产的来源和使用以无偿为主

高校的资产主要是通过国家财政拨款、社会捐赠等方式无偿取得的。高校资产的使用也是无偿的，不需要代价，也不需要像企业那样通过计提折旧的方式进行补偿。

（3）高校资产的主要目的

高校资产主要用于高校教学科研活动，主要目的是为国家培养高质量的人才和取得高水平的科研成果，注重的是使用效益和社会效益，而非经济利益，也无法直接为高校带来经济利益。

（4）高校资产区分

高校资产分为非经营性资产和经营性资产，且大部分属于非经营性资产。非经营性资产指的是用于教学、科研、行政和公共服务设施的资产，非经营性资产分布在各院（系）、行政部门、直属单位和后勤有关服务单位。经营性资产则是用于生产经营活动的资产。在市场经济条件下，高校把部分资产投入学校的科技产业和后勤经营服务中，由非经营性资产转变为经营性资产。但这一转变必须有一定的前提条件，要进行审批和资产评估等一系列程序。

（二）高校资产管理的定位和特点

高校资产管理是指通过对高校资产的获得、使用、维护及报废全过程的调控，为高校教学科研服务，进而保障资产的安全完整，保证国有资产保值增值，努力将资产使用效益最大化，提高高校办学质量。

高校属于事业单位，主要负责提供教育服务和精神产品，在人们的思想、精神、文化、健康等方面做出贡献。因此高校资产管理的主要任务是通过充分利用和调动高校内部的人力、物力和财力，合理安排支出，勤俭办学，提高高校资产效益和管理的有效性，提高教职工工作效率，推进培养出更多高质量人才，取得更多的科研成果。

高校资产管理主要包括以下三个特点：① 消耗、占用资产与产出成果之间不成线性关系，资产投入与产出的相关程度不高；② 资产使用的产出成果难以用货币计量，难以用经济效益为标准来进行考核；③ 高校事业活动自身并不创造物质财富，所以其资产管理业绩的优劣通常表现为资源的消耗和占用的节约量，或者是教育服务数量的增加和教学办学质量的提高。

二、高校资产管理的重要意义

在经过艰难探索之后，我国的经济体制改革已从表层走向纵深，社会主义市场经济体制的总框架初步形成。随着改革的不断深入，国际、国内市场竞争日趋激烈，我国国有资产产权的合理流动、分布结构应进行合理有效的调整与重组，高校资产管理也必须接受经济运行规律的考验，以确保在经济转轨顺利实现的同时，有效防止资产浪费与流失。

（一）适应高等教育体制改革的要求和自身发展变化的需要

在高等教育体制改革的发展与深化过程中，由于教育投入不足，同时教育规模迅速扩大，教育支出需求量剧增的矛盾日益突出，同时还出现了资产浪费、流失、低效等问题。这两个问题的交织严重影响了高校的办学质量与效益，制约了高校的发展。此外，高校办学自主权不断扩大的情况下，高校资金筹集渠道也呈现出多样化的特点，如国有民办收费、利用外资、个人或企业投资、捐资、贷款等，逐渐形成了新的资产构成和管理体制。这些都要求加强高校资产管理，不断提高高校资产管理水平，促进高校资产的有效使用，实现高校资产的保值和增值。

加强高校资产管理不仅是高校对教育体制改革的适应，也是高校自身发展变化的需要。目前，为了适应教育体制改革，高校正处于一个关系再组合、利益再分配、权力再调整的变革过程中，资产管理权属出现变化：第一，高校主管上级发生变化，高校资产主管部门管理权属也相应发生改变，资产管理权限有所弱化；第二，学校之间合并、联合、共建或社会各界共同参与办学而出现的资产融合或资源重组。这些必将涉及资产管理问题，原有资源必须按照新的结构体制需求进行调配，从而使高校资产管理在变革中随着实际变化做出相应调整。

（二）深化高校内部管理体制改革的需要

目前，我国正在努力深化高校内部管理体制改革，并将之作为高校最重要的工作之一，这种改革与资产管理紧密相连，对高校资产管理提出了新的要求。第一，高校后勤社会化后，高校后勤与高校进行规范的剥离，剥离出来的高校后勤成为自主经营、自负盈亏、独立核算、自我发展的服务经济实体。这就必须对高校后勤所占用的设备房屋等资产，进行登记、界定、重估、入账，严格做好高校后勤社会化后的资产管理工作。第二，作为高校内部管理体制改革关键之一的资产占有和分配制度的改革，要求在加强资产管理的前提下，实现生产要素与按劳分配相结合，克服因占用学校有形资产和无形资产的不同而造成高校内部部门的分配不公现象。第三，高校校办企业的转制对高校资产管理提出了新的要求，高校对校办企业资产管理要做到"产权明晰、权责明确、事企分开、科学管理"，这样才能使高校企业经营者有效地使用资产，并实现高校资产的保值、增值。

（三）高校减少浪费、提高办学效益的需要

当前，高校本身教育资源十分有限，暂时又无法实现资产购置资金的大量投入，因此追求高效益就尤为重要。为确保国有资产的使用效益，高校管理者首先必须树立主人翁意识，勤俭节约，使学校有限的财力、物力能够发挥更大的效益；其次，必须对高校资产进行认真管理，当家理财、摸清家底；最后，优化配置高校教育资源，计划、分配、协调高校流动资产、固定资产、无形资产等，强化资产管理职能，提升资产管理手段的有效性和科学性，以实现高校办学的最佳效益。

（四）高校资产自身特殊性的要求

就资金来源而言，高校资产的经费主要来源于国家教育事业经费。国家对高校经费的投入具有无偿性、保证性和消费性。尽管从实际需求看，国家教育经费的投入并不能适应高教事业发展的要求，但从理论上讲，这笔无须还本付息、不发生增值的经费的投入数额是以满足高校事业的发展为标准的。就核算方式而言，高校资产以收付实现制作为结算基础，核算中以款项的实际收付为标准进行账务处理。与企业严格的核算制度相比，高校资产的核算方式较为宽松。就高校资产的构成和使用而言，高校资产种类繁多、利用率相对偏低。高校现有的资产规模是在过去的经济体制下发展起来的，随着学校办社会格局的形成，相当一部分本应由社会来承担的服务项目变成了由高校来操办，这就使得高校资产体系庞大、种类繁多。但与此同时，受较为单一的用途与狭窄的服务范围的制约，高校资产的能力往往大于实际需求，许多设备和资产的利用率非常低，经济效益不佳成了高校的共性问题。就管理形式而言，高校的资产实行统一领导、分级分口管理或统一领导集中管理。

高校资产来源的稳定性、核算方式的相对宽松、资产种类繁多且利用率低、管理形式的头绪杂等特点，都在一定程度上增加了高校资产流失的可能性。因此，对高校资产所具有的特殊性进行分析是实行高校资产管理的基础。

三、高校资产管理的发展对策

（一）转变观念，提高认识

管理是一门科学，加强资产管理能够有效提高办学效益。做好高校资产管理工作，离不开高校的高度重视、相关部门的密切配合以及广大师生的大力支持。学校要加强对资产管理部门的领导，强化管理职能，建立健全资产动态管理监控系统，特别是要加强对学校房地产、公用设备、大型仪器和经营性资产的管理；要优化教育资源配置，提高资产使用率，使其更好地为教学科研服务。无论是高校管理者还是教职工，首先要转变观念，增强资产管理意识，认识到资产管理的重要性。尤其是管理者，更要摒弃传统的计划经济观念，树立国有资产保值增值的市场经济意识，充分认识国有资产管理的重要性，为进一步开展工作打下坚实的基础。

（二）健全高校资产管理机构，完善高校资产管理制度和运行机制

新形势下高校资产的管理必须与高校的改革同步进行，这就必须建立一个强有力的管理机构，将高校资产管理纳入规范化、法治化的轨道。高校的资产管理机构受托对高校的资产进行管理，依据有关政策，负责制定并组织实施本单位的国有资产管理办法，办理资产的调拨、转让、转性、报废等手续，并经常督促有关部门有效使用资产，努力做到

节约高效。从长远发展来看，只有根据资产的属性与特点，有针对性地采取不同的管理模式，使高校的国有资产处于全方位、全过程的控制之下，才有利于高校的健康发展。

制度建设是管理工作的基础。要做好高校资产管理工作，不仅要建立比较健全、便于执行的规章制度，还要有保证制度能够贯彻落实的管理机制。制度不健全或虽有制度但执行不力，容易削弱管理人员的责任心，从而使学校资产得不到有效保护，最终导致资产毁损和流失。因此，高校应根据相关法律法规，研究制定出适合本校实际情况的固定资产管理制度和实施细则，并注意与校内基本职能部门管理制度之间的衔接与协调，使每项制度具有可操作性，执行权可落实到人，做到权责统一。此外，要分别制定流动资产、固定资产、无形资产、对外投资管理办法，相应建立校级资产管理机构和部门资产管理的职责范围。要建立四个管理制度：一是验收制度。高校要及时核定和登记所拥有、占有的资产的存量，按照实物形态进行分类编号，设立账卡，随时在账上反映资产的分布增减和变动情况，对新增的固定资产实行严格的验收制度。二是保管制度。具体包括实物保管和相关资料保管，重要的仪器设备验收后要明确保管人及保管责任。三是赔偿制度。明确国有资产者相应的管理责任，确保国有资产的完整无损，对损坏或丢失国有资产者，视情节轻重按一定的比例进行赔偿。四是报告制度。高校的国有资产存量经常变动，建立报告制度，定期报送统计报表，有利于领导掌握本校资产总量和构成情况，同时有利于国有资产管理部门更好地掌握信息。

为有效贯彻落实各项制度，高校还应建立起便于实施、易于考核的固定资产管理责任制和监督机制。责任制应明确规定各级管理人员的具体职责及因工作失职造成损失应当承担的行政及经济责任，重点落实岗位责任，解决因职责不清造成的无人管理、无人负责的情况。监督机制则重在监督检查各项管理制度的执行情况。资产管理部门应在健全内部管理制度的基础上，对管理责任落实情况和资产管理情况进行定期检查和考核，发现问题及时纠正和解决。

制度建设应坚持"以人为本"的原则，注重调动工作人员的积极性。检查与考核应与政策激励相结合，不断增强工作人员的责任感和服务创新意识，使其在做好基础性管理工作的同时，重视资产的优化配置，发挥资产的社会效益和经济效益，进而提高资产管理的整体水平。

（三）加强高校资产档案建设

为加强高校资产管理，维护资产的安全和完整，提高资产使用效益，建立资产档案与管理工作是高校的一项重要任务。

1. 整章建制，做好资产档案的收集整理

资产档案的收集整理是指资产管理部门对资产管理过程中所产生的各类文件进行全面收集，并按照一定的原则和方法，进行分类、编目、登记和加工整理的过程。要做好资产档案的归档工作，资产管理部门应建立健全资产文件的形成、积累、整理和归档制度，正确划分归档范围，这是保证资产档案质量的关键。一般说，凡是反映资产的使用、处置、评估等活动，具有保存价值的资产文件都应当归档。分类是资产档案整理工作的核心内容。科学的分类是保证整理质量和科学编目的基础。分类的步骤可分两步进行：第一步，对全部资产档案按种类划分大类；第二步，对每种资产档案进行分类。学校资产档案中有两大类档案应特别引起重视：一是仪器设备资产档案，二是基建档案。仪器设备要逐台建立技术档案，要有使用、维修等记录。仪器设备档案有两种情况：一种是在自制仪器设备的设计、研制过程中形成的材料；另一种是外购设备的资料，包括采购论证报告、购货合同、装箱单、使用说明书、安装验收报告及设备管理办法和规定应归档的其他资料。基本建设

类档案，是在各种基本工程的规划、设计、施工和使用、维修活动中形成的档案。它包括基建工程规划、设计的文件资料、基建工程施工中的文件资料和基建工程竣工的文件资料。

2. 加强编研，搞好资产档案信息的开发利用

传统的资产档案管理只注重资产档案信息的原始收集、整理等工作，不重视资产档案信息的开发利用，致使资产档案利用价值低。资产档案信息的真实性、翔实性和服务内容的有效性是提高资产档案利用质量的核心。资产档案的开发，其主要任务是寻找和获得较为集中、系统或有特定价值的资产档案信息。具体来讲，就是在遵循资产档案信息收集基本准则的前提下，针对高校发展趋势和用户的需求特点，鉴别、筛选、加工整理、编纂成用户需要的信息资料，以满足用户的需求。

3. 切实做好高校资产的产权登记、资产评估及产权界定工作

在学校管理工作中不仅要注重资产管理，还要重视资产的产权关系。如果产权关系不清，就难以进行有效管理，势必造成国有资产的流失。国家投入几十万、几百万甚至几千万资金形成的资产，在学校进行后勤社会化和校办产业的改制中若缺乏评估、核算和管理，同样会对国有资产造成危害。因此，高校要加大资产管理的力度，必须理顺产权关系，进行实物量和价值量的综合管理。由主管领导协调财务、科研、总务和产业各有关部门的工作，把实物纳入资产设备部门进行统一管理，资产的评估和设备的使用、折旧、报废必须经过学校财务部门，使财务部门能够更好地发挥协调与监督作用，有效防止国有资产的流失。

具体说来，有以下三点：一是产权登记。国有资产产权登记是由国有资产管理部门代表政府，依法确认单位产权归属关系的行为。高校作为事业单位法人，已按国家的安排和要求每年进行产权登记。此项工作的基础，就是要求各高校进行全校性的资产清查核算，摸清家底，清

理各类资产，对产权不清的，按规定手续给予确认。二是资产评估。资产评估是指由专门机构和人员，依据国家的有关规定，根据特定目的，遵循适用的原则和标准，按规定的程序，运用科学的方法，对资产进行评定和估价的过程。高校的资产评估对象主要是无形资产和部分固定资产，由于各种原因没有计价入账管理，有必要进行评定，确定其价值。这是一项政策性较强、工作量较大的工作，且涉及校内的单位较多，所以，必须成立专门的清查机构，统揽和协调清查过程中的各种关系，保障清产核资工作的顺利进行。要搞好后勤项目普查，着重测算近三年应用于后勤各项目的全部费用，以及新体制下完成同样任务所需要的成本费用、管理费用、合理利税等费用。项目普查是制定后勤体制改革方案、政策，以及项目规范重要的基础性工作。要建立后勤项目规范，其内容可包括名称、内容、标准、费用和控制方法等。后勤项目规范根据急事急办、不断完善的原则逐步健全，并在实践中修订完善。要制定后勤项目管理办法，其内容可包括项目立项、费用核算、建立规范、项目发派和监督控制等。同时，学校国有资产管理处和后勤部门每两年对资产进行一次抽查或清理，对学校国有资产使用状况进行评估，并写出书面报告。必要时可聘请专业机构（如房地产评估机构、会计师事务所），对学校的国有资产进行评估或审核，以确保国有资产的真实价值。相关工作人员必须依照有关法规认真进行资产评估，有效理顺产权关系，防止国有资产流失。三是产权界定。所谓产权，是指财产所有权和与财产所有权相关的经营权、使用权。产权界定，是指国家（授权国家资产管理的部门）依法划分财产所有权和经营权、使用权等，明确各类产权主体行使权利的财产范围及管理权限的一种法律行为。高校应根据"谁投资、谁所有、谁受益"的原则，实事求是地做好产权界定工作。

（四）重视高校无形资产管理

作为高校资产管理中的新课题，无形资产的管理在近年来越来越受到高校的重视，必须注重无形资产的管理。将无形资产知识普及教育纳入高校精神文明建设，在高校教职员工中广泛开展无形资产知识的宣传教育，将与无形资产有关的法律、法规作为高校普法教育的重要内容，以树立教职员工保护学校无形资产与有形资产同等重要、同等价值的观念和意识。无形资产的管理内容主要包括以下三个方面：

1. 无形资产的确认

科学合理地确定无形资产的产权归属，是高校对无形资产管理的首要课题。一般而言，高校可通过自行开发研究、购入和无偿取得（接受个人或单位的捐赠、国家指令划拨等）三种方式获得无形资产。高校对无形资产的拥有，包括拥有所有权和拥有使用权两种方式。对于拥有所有权的无形资产，高校可以随意使用和处置，包括转让和投资。但是，对于拥有使用权的无形资产，高校只能按无形资产所有者的要求，在特定范围、特定时间用于特定用途，不得自行转让使用权或随意处置该项无形资产。

2. 无形资产的计价

无形资产的计价指的是以货币为计量单位来确定其价值，这是高校无形资产管理的基础工作，主要有两种计价方法：

① 对自创或购入的，按实际成本计价。

② 在使用无形资产进行对外投资或转让使用权或所有权时，需要对其进行评估以确认价值，并依据其评估价值确定交易价格。

3. 无形资产的转让与投资

为充分发挥无形资产的作用，高校应采取行之有效的方法。高校可以通过有偿转让无形资产使用权或所有权，使无形资产为高校赢得经济利益和社会效益。对外转让无形资产的方式有两种，一是转让无形资产的所有权，二是转让无形资产的使用权。此外，高校还可以通过对外投资的方式获得经济利益。与无形资产转让管理相比，高校对无形资产投资的管理更加复杂，要求也更高。

第二节　高校伙食管理

一、高校伙食管理的定位及特点

高校伙食管理就是在对高校伙食工作的服务和经营双重属性认识的基础上，对高校伙食质量、高校伙食价格、高校伙食工作队伍、高校食堂内部管理进行的调控，主要分为三个层面，第一个层面是政府对高校伙食的管理，第二个层面是各高校对本校伙食工作的管理，第三个层面是经营者对食堂伙食的管理。

高校伙食管理最大的特点就是不能追求利润最大化。随着社会主义市场经济体制的逐步建立，高校伙食管理也从单纯的福利服务型逐渐向经营服务型转变。但是，社会主义高校伙食管理的根本任务是对学校其他工作起"基础、保障、先行"作用，具有"服务、管理、育人、经营"四种功能，这决定了高校伙食管理具有服务和经营双重属性。高校餐饮市场不可能像社会餐饮市场那样实行各要素的完全商品化，后勤服务实体与被服务的师生之间的关系也不能被简单地视为自由买卖交易关系。校内的消费者主体是学生，他们多无固定的经济收入，如果社会上的饮食企业一拥而入，只考虑盈利，那将很难保证学生伙食的福利性。可见，高校伙食管理既要受市场经济制约，又要受现行行政教育体制的制约；既要积极与市场经济体制接轨，又要坚持服务育人的正确方向。

二、高校伙食管理的重要意义

（一）搞好高校伙食管理是大学生健康成长的要求

"民以食为天"，要保证每个学生都能吃好，不仅是口味、健康的问题，还有学生承受能力的问题。食堂可以说是学校后勤服务的"晴雨表"。对于高校食堂这一特殊的餐饮机构来说，控制好价格、卫生、质量的底线是最重要的，不仅要满足学生最低的物质生活需求，而且要保质保量。对于正处在身体发育黄金时期的青年学生来说，身体就是学习的本钱，食品卫生、质量给学生健康带来的影响不可忽视，伙食价格涉及学生的承受能力。通过高校伙食管理，可以控制高校饭菜的质量、价格，保证大学生吃到营养均衡、价格合理的饭菜，促进学生的健康成长。

（二）搞好高校伙食管理是推进高校后勤廉政建设的要求

高校伙食联合采购是一项阳光工程，对推进高校后勤廉政建设和反商业贿赂具有重要意义。高校伙食联合采购中心是高校餐饮部门接受社会监督、展示廉洁奉公的平台，必须坚持和深入发展。通过完善和规范联合采购流程，公开采购信息，把联合采购中心做实、做大、做强，将高校伙食联合采购工作沿着法治化、信息化、规范化、规模化目标不断推进，以规模效益为纽带，带动更多的高校、更多的伙食原材料参与联合采购。

三、高校食堂经营的主要模式

目前，高校食堂的经营模式主要有四种：

① 社会招标，个体经营模式。这种招标形式下，大多数中标者易受利益的驱使，不顾服务质量和经营状况的优劣，最终损害师生利益，阻碍高校发展。

② 自主经营、自我服务的经营模式。这种模式便于监管、易实现食堂的福利性，但其经济效益低下，食堂难以发展。

③ 集团化与餐饮连锁经营模式。将后勤从高校中独立出来形成后勤集团，其最大的优势在于降低成本，提高经营效率。

④ 引入竞争机制，实行公平竞争的经营模式。该模式可以有效地打破一家经营的垄断局面。

将这四种经营模式总结起来，主要分为两种类型：

① 学校自主经营，成立后勤集团，学校对其进行监督与管理。

② 社会力量参与食堂建设，形成竞争机制。

高校后勤的改革，就是要将后勤服务与高校行政系统剥离开来。目前大多数高校食堂实行的是模拟企业化甲乙方管理体制。甲方代表高校后勤处，乙方代表高校食堂，其隶属于高校后勤集团。这种管理体制在原有的行政拨款办食堂的基础上，转变为通过甲乙方签订服务标准和价格协议，乙方内部实行行政组织管理，通过服务来收取甲方的经费。这种管理体制曾在提高高校食堂的服务质量和水平、满足师生需要等方面发挥了重要的作用。然而，随着学校事业的发展和师生对高校食堂服务水平要求的不断提高，食堂价格体系未能随着食堂员工薪酬政策而调整、食堂用工合法化等矛盾不断出现，这种管理体制已经不适合目前高校食堂的发展要求了。为改善学校对食堂的管理，学校需对目前的模拟企业化甲乙方管理体制进行改革与优化。

（一）"一堂两制"过渡转型模式

"一堂两制"过渡转型模式是指保留现存甲乙方，将乙方食堂服务实体转型为事业行政组织体制和市场化经济组织体制，未来事业行政组织体制逐步向市场化经济组织体制完全转型。高校食堂具有行政组织和经济组织管理相互映射的两面性，如高校内的部分餐饮网点按照经济组织方式管理，学生大伙食堂则实行行政组织方式管理。

甲乙双方通过调研测算议定服务质量标准和服务价格标准，签订服务协议，进一步明确各自职责义务和考核监管要求。

甲方主要职责有：

① 负责制定食堂服务价格体系和服务质量要求及考核标准，编制签署甲乙方食堂服务协议。

② 负责按照甲方制定的服务质量标准和对应质量标准的考核标准，每月组织不少于一次对乙方的全面监督考核。

乙方主要职责有：

① 按照甲乙方契约和甲方对乙方的服务质量要求，以学校的整体利益为重，始终秉承"三服务、两育人"的宗旨，强化内部管理，细化组织流程，督促持续改进，努力做好各项服务保障工作；

② 负责学校资产的使用维护和管理工作；

③ 负责学校编制人员劳动管理及薪酬福利待遇落实工作；

④ 乙方自有、自筹资金自主投资及改造项目由乙方自行招标选择施工方，乙方负责施工监管、决算、委托审计、结算等。

该转型模式的实施具有两面性。其有利因素为：

① 保持目前大的体制相对稳定，侧重于食堂内部调整改革，将局部专业行业作为企业市场化改革试点进行推进，对内对外运行机制比较灵活；

② 对食堂服务供给侧结构优化调整，集中主要力量做好公共公益保障服务工作；

③ 组建法人公司，建立员工创新发展平台，鼓励员工创业，培养锻炼适应市场需求的管理人才和员工队伍。

其不利因素有：

① 食堂内部制度体系建设比较复杂，从事公共服务和公司经营不同群体人员绩效利益分配机制设置难度较大；

② 要想真正让服务优、绩效好、贡献大的人多受益，绕过身份障

碍，体现多劳多得、优绩优酬，需要决策层付出更多的精力和时间。

（二）直接转型模式

直接转型模式即取消现存甲乙方，整合成小机关多实体体制。小机关，即学校管理处作为食堂归口管理的行政职能机关部门。小机关具有小而精、专而强的特点，其主要职责体现在宏观监管性和政策把控性上。小机关代表学校负责食堂方面的规划、协调、管理、监控和考核等工作，并以市场经济规律为依据，同多实体形成依法契约关系。多实体，即将食堂服务转化为多个实体公司，充分体现企业化运行机制，即自主经营、自负盈亏和自我发展。学校创造条件提供政策支持，或鼓励员工自主创业，担当法人主体，或由学校控股组建法人实体。多实体在机构设置上要根据现代企业制度和学校的服务要求，结合专业和行业特点建立企业化运营机构。多实体的主要职责是根据不同实体的专业性，按照与小机关签订的承包协议要求完成各项任务，接受小机关的监管和考核，不断提升保障能力和服务水平。

该转型模式的有利因素为：

① 精简机构，优化岗位设置，提高管理效能，易于实行专业化管理；

② 多实体的自主经营、自负盈亏和自我发展具有较强的灵活性和适应性，可以通过招投标的方式进行经营与管理；

③ 多实体在劳动用工方面各负其责，避免涉及学校的劳动用工风险；

④ 多实体建立独立的目标绩效管理体系、薪酬体系和员工创新发展平台，有利于其自我完善、自我提高和自我发展；

⑤ 多实体以研发经营校内市场为主，积极鼓励拓展校外市场，努力提高经济收益，反哺学校。

其不利因素为：

① 小机关多实体模式与现有的模式调整跨度较大，实施起来有一定

的难度，如法人企业的建立、员工思想意识的转变等都需要有一个复杂的实施和适应过程；

② 公司化管理经验不成熟以及管理人才的匮乏。

（三）局部转型模式

局部转型模式即将乙方的公益性食堂划转甲方，经营性餐厅则转型为市场化经济组织体制。将高校食堂内的公益性食堂归到学校的后勤管理处统一管理，经营性餐厅则由食堂自主管理。食堂组建法人公司来实行企业化运行机制，实现自主经营、自负盈亏和自我发展。

该转型模式的有利因素为：

① 涉及保障师生日常饮食的公益性食堂按照行政组织方式由学校后勤管理处统一管理，能够确保其运行的稳定性和可靠性；

② 高校食堂完全市场化、企业化，具有更多的自主性和应对市场的灵活性；

③ 食堂积极开发服务项目，拓展经营市场，能够培养锻炼适应市场性需求的管理人才和员工队伍。

其不利因素为：

① 食堂整体公司化融资操作较难，并面临不适应社会相关行业规范要求的问题；

② 食堂缺乏相关企业专业资质和专业人员资质；

③ 食堂从行政管理模式直接整体转换成完全企业化模式跨度较大，管理人员缺乏实际操作经验和驾驭能力水平，容易造成不稳定和难控制的局面。

四、高校伙食管理的发展对策

（一）加强政府对高校伙食的管理

1. 对高校学生食堂实行标准化管理

高校学生食堂各有各的特点和经营管理问题，但是，学生最关心的伙食价格、食品卫生问题是各高校学生食堂面临的共同问题。针对这种情况，各级政府就需要从宏观角度控制伙食价格、食品卫生，降低伙食成本。对高校学生食堂进行标准化管理就是一种解决思路，如北京市教育委员会就已对当地高校学生食堂实行标准化管理。为进一步提高北京市高校学生食堂规范化管理质量和水平，北京市教育委员会发布了《北京高等学校标准化学生食堂标准》，并将组织专家组对申报的学生食堂进行验收。食堂存在下列情况则不能通过验收：所有办伙物资未实行中心集中采购；专家组对伙食质量评估为"差"；验收前一年出现严重安全事故或食物中毒案件；学校将食堂大伙承包给个人经营，引进特色风味小吃摊点的办伙物资、安全、人员未纳入饮食中心统一管理；无成本核算制度或执行不规范。

2. 加强对高校伙食管理工作的检查评估

各级政府应定期和不定期地进行高校伙食管理工作专项检查，检查结果与综合办学水平评估挂钩。对检查的情况进行公开通报，表彰先进；对重视不够、措施不到位的学校，予以责令改正、通报批评，必要时通过媒体予以曝光，追究相关责任人员以及学校主要负责人的责任。卫生防疫部门的有效监督是高校伙食管理工作取得成功的重要保证。卫生防疫部门不定期地深入食堂进行抽查，杜绝一切可能诱发事故的苗头和隐患，可以使高校食堂卫生管理工作不断迈上新台阶。

3. 从讲政治的高度加大对高校伙食工作的支持力度

近年来，由于粮油副食品价格的持续上涨，影响了高校学生食堂饭菜价格和质量的稳定，引起了学生的强烈反响。如何应对物价上涨，维护学校正常的教学、生活秩序，成为各级政府和高校普遍关注的问题。为了保持高校的稳定，仅靠高校自身的力量有点力不从心，政府应从政治高度加大对高校伙食工作的支持力度，帮助高校应对物价上涨。

（二）强化高校对本校伙食工作的管理

1. 建立健全高校学生伙食管理工作领导责任制

高校的主要负责人对学生伙食管理工作负总责，是学校伙食管理工作的第一责任人。高校后勤社会化改革，理顺了学生食堂的运营机制，但高校后勤管理处作为甲方，承担的管理与监督的权利与义务没有改变。高校要正确认识、妥善处理好深化伙食改革与加强管理的关系，切实肩负起作为甲方应负的责任，不断改进食堂的日常管理与监督评估，发现问题要及时解决。要全面贯彻高校后勤社会化改革的指导思想，坚持正确的改革方向，正确把握学校食堂的公益性原则，积极、稳妥地深化和推进改革。要正确处理社会效益与兼顾经济效益、教育规律与市场经济规律的关系，纠正食堂改革中片面追求商业化、市场化的错误倾向，建立和完善食堂管理的良性长效机制，消除学生食堂易诱发事端的各种不安定因素和隐患，建立健全高校食物中毒和疫情等突发事件的应急预案制度，维护高校的正常秩序。高校学生食堂不以营利为目的是办好学生食堂的基础。各高校要牢记高校学生食堂服务对象是广大学生，属于公益性后勤，树立学生食堂不以营利为目的服务宗旨，切实保障学生的就餐质量和学校的稳定。

2. 高校要加强对本校伙食管理工作的检查评估

各高校应定期和不定期地对本校食堂进行食堂管理工作专项检查，检查结果与承包者经营管理评估挂钩。

（1）对本校食堂管理工作定期检查是一项常规工作，要常抓不懈高校要加强对学校食堂的监管，全面审查其经营思想作风、管理水平、技术水平、资质信誉、从业人员的素质、进货加工情况、卫生状况、价格质量等。高校食堂发生责任事故或由于食堂原因引发影响校园秩序甚至造成不良社会影响的，必须严肃追究当事人和有关负责人的责任。由社会企业或个人投资建设，并由投资方承包和买断多年食堂经营权的，高校应及时与其修订和完善经营管理合同。对违反法律法规或合同约定的、不听从学校正当管理的、屡屡发生问题不予改进的、管理经营不善的、"层层转包"的及学生意见较大的食堂，学校可依法逐步收回经营权，给予其经济补偿或对其经营权实行"返租"的方式，牢牢掌握食堂管理工作的主动权。

（2）采取各种措施保持高校伙食的合理价格

学生们关注菜肴的种类和口味，但更关注的是菜肴的价格。要保持高校伙食的合理价格，就必须降低高校伙食成本。可采用集中采购降低成本，以安徽省合肥市为例，为了降低成本，安徽省合肥市各高校采用公开招标的方式建立起统一采购制度，对主、副食品及蔬菜，由各高校有关部门在考察卫生、质量和价格的基础上，组织集中定点采购。据统计，在学校餐厅就餐，学生每天的平均花销只有20元。同时，为了照顾家庭贫困的学生，除在各个餐厅设立免费汤等项目外，还强制要求每天的伙食品种中必须有低价饭菜。

（3）食品安全检查是重中之重

后勤社会化后，进驻大学的餐饮企业有三类，一类是由学校原来队伍组建的餐饮公司。一类是市场上的餐饮企业，另一类是由其他部门委托管理的餐饮公司。管理这些餐饮企业成了一个大问题，如果放手由社会餐饮机构直接提供饮食服务，学校将很难监督其卫生情况是否合理，而食品安全检查是重中之重，所以高校要采取有力措施加强对食品的安全检查，具体如下：第一，要确立"健康第一"的思想，坚持"预防为主"，确保将学校食品卫生安全摆在学校工作的重要位置上。高校领导和后勤系统的工作人员要时刻牢记自己肩负的重任，坚持把社会效益放在首位，坚持为学生健康服务的宗旨，将加强学校食品卫生安全工作作为关心学生健康成长、保障学生身体健康、促进社会稳定的大事来抓，扎扎实实做好高校食品卫生安全工作，为保护高校师生身体健康做出贡献。高校主要负责人要经常过问并了解学生食堂管理工作，特别是食品卫生工作；对学生集体用餐、饮用水卫生安全等方面出现的问题，要及时研究、及时解决，特别要注意解决可能造成食物中毒的卫生隐患问题。第二，要严格管理，狠抓各项法规制度的执行和落实。高校要建立主管校长负责制，以加强食品卫生管理。根据国家教育部门、卫生部门的相关要求，加强学校食品卫生监督管理，高校要结合本地、本校实际情况认真贯彻落实。要建立健全并严格执行学校食堂和学生集体用餐卫生安全的各项规章制度，防止各类食品中毒事件的发生。高校要将学生食堂管理工作和食品卫生工作纳入教育评估的范围，进行督导检查。高校在积极推进后勤社会化的同时，应对社会化后的学生食堂饮食卫生进行经常性的监督与管理，要坚决纠正学生食堂承包单位的错误倾向。对学生食堂，校方应建立监督管理与定期检查制度，经常征求学校用餐人员对食堂饮食卫生的意见，并配合卫生行政部门对承包单位提出相关的卫生要求。第三，对集体招标采购的原则、纪律、范围、方法、采购程序、验收、结算、奖惩等进行规范。学生食堂饮食物资的采购要严把卫生质量关，严禁采购"三无"产品和质量不合格、过保质期的产品，有效控制学校食物中毒及其他食源性疾患的发生。要通过各种办法对采购的全过程进行严密的监控，坚决杜绝各种腐败、渎职行为。对大宗饮食物资进行统一和定点采购是饮食安全的重要保障。统一定点采购，不仅保证了高校饮食原料的采购质量，降低了采购价格，而且对商家供货实施准入制度，对供货过程、产品质量等方面也进行了规范化要求，实现了商家、校方、师生三方共同受益的目标。第四，要加强学校食品从业人员的培训工作。《中华人民共和国食品安全法》明确规定，食品生产加工小作坊和食品摊贩等从事食品生产经营活动，应当符合本法规定的与其生产经营规模、条件相适应的食品安全要求，保证所生产经营的食品卫生、无毒、无害。高校食品卫生工作是高校管理的一项重要内容。各高校应制定食堂管理人员和从业人员的培训计划，建立食堂从业人员培训后上岗的制度，分期分批地对食堂管理人员和从业人员进行食品卫生与营养知识的培训，使其树立食品卫生、预防食物中毒的意识。第五，应在当地卫生部门的指导和协助下，建立食物中毒、食源性肠道传染病等突发事件的应急处理机制。一旦发生上述突发事件应积极配合卫生部门采取有效措施，把危害控制在最小范围。各高校必须建立健全食物中毒与食源性肠道传染病的报告制度，一旦发生这些突发事件应及时报告当地教育行政部门和卫生行政部门。第六，加强学生健康教育工作。加强宣传教育，不断培养学生的良好卫生习惯，使学生掌握食品卫生安全知识。要把食品卫生纳入学生健康教育的重要内容，培养学生的良好卫生习惯，教会学生如何在食品卫生方面做好自我保护，平衡膳食。宣传教育、行为干预是预防和减少食源性疾患的重要手段。

3. 加大对学生食堂的支持力度

（1）切实加大对学生食堂的财力和政策支持

高校应努力缓解由于学生人数增加、物价上涨等种种因素给食堂带来的经营压力，在收益分配、水电燃料等方面予以一定补贴，帮助食堂降低经营成本。要积极调整校内经费支出结构，加大对学生食堂建设、维修和大型设备更新的资金支持，为学生食堂的经营和管理提供良好条件。

（2）对学生食堂经营者收取适当的经营管理费

对通过规范招标引进的社会餐饮企业，学校须根据在校生规模、实际就餐人数与时间、餐厅面积和学生的实际消费水平，客观详细地测算其成本收益，向其收取的资产租赁费或经营管理费要控制在营业额的2%至4%以内。对于学校在编正式人员经营学生食堂的，学校可实行资产零租赁，并免交经营管理费的制度。禁止通过所谓的"竞标、竞价"，抬高交费准入"门槛"，避免因要求经营者自带、自购设备进学校经营食堂，导致经营方最终把负担转嫁到学生身上的现象。饮食服务中心及食堂通过加强管理、节约挖潜、提高服务质量所取得的结余部分，可用于学校食堂建设与伙食管理工作，但须经学校主要负责人同意。

（3）用足、用好国家和省对学生食堂出台的各种优惠政策

高校要积极争取有关部门和社会各界的支持，依法依规坚决抵制相关部门、单位对高校食堂的乱执法、乱罚款、乱收费等错误行为。必要时，对违规违法收费、罚款的行为，予以及时举报或通过诉讼方式解决。

4. 切实加强高校伙食管理队伍和后勤队伍建设，进一步理顺学生食堂管理运行体制

（1）切实解决高校后勤管理队伍青黄不接、后继乏人的突出问题

高校要营造年轻干部愿进后勤、现有干部安心后勤、后勤干部能进能出、培养培训一视同仁、全校上下关心支持后勤的良好局面。要切实加强食堂外聘从业员工队伍的建设，依法签订用工合同、缴纳保险费用，加强管理、教育和培训，帮助外聘从业员工提高政治思想素质和业务技术服务水平；及时关心外聘从业员工，解决好其住宿、安全、卫生等方面的基本问题，使外聘员工爱校如家、爱岗敬业，全心全意为师生服务。要重视食堂厨师和技术工人的引进、培养和使用，要求食堂厨师、技术工人必须有相应的职业技能证书，厨工及各类食堂工作人员须

经过正规的体检、培训和考核后方能上岗。

（2）进一步理顺学生食堂管理运行体制

学生食堂的管理工作，由学校主要负责人总负责，分管负责人直接领导，后勤管理处对饮食服务管理中心等各类服务实体实行目标责任分类管理，饮食服务管理中心具体负责落实食堂工作任务目标责任制。

（3）强化对饮食服务中心人、财、物的管理

饮食服务管理中心须按照相关法律法规和管理要求，认真修订和完善学校伙食工作监督实施细则，建立健全岗位责任制和责任追究制，对食堂的经营服务实行全方位、全过程的管理监督。高校要强化饮食服务中心的管理职能，配备1名精通伙食管理与经营的副处级干部专职担任饮食中心的主任（在校生有2万名以上的学校可选配正处级干部担任）。配齐、配好饮食中心的副主任及采购供应、成本核算与质量服务监控等部门科室的工作人员，以及专职的卫生管理员。

（4）进一步规范学校食堂服务经营准入制度

学生食堂经营实体的选择和准入必须慎重，禁止暗箱操作及其他不正之风。确实没有办伙能力的学校，可对引进的经营方实行公开招标，通过现场考察、面试质询、饮食卫生专业知识与技能考试等程序严格审核其资质标准，了解掌握经营方的实际管理能力与社会信誉程度，择优选定。

（5）引入竞争机制

如何进一步推进高校食堂的改革，提高食堂的经营效率，稳定正常的教学秩序，从而服务于学校育人目标，也是需要高校或相关部门认真考虑的问题。目前最有效的方法就是要在高校食堂领域大胆引入竞争机制，利用社会公开招标竞标的形式增加高校食堂经营主体。学校作为高校食堂的所有者，其管理职能要向卫生质量的监督管理转变。高校食堂

的经营管理离不开竞争，只有引入竞争机制，高校食堂的经营才能社会化发展。高校教育是作为准公共产品项目而发展的，其最大目标是服务育人，获得更大的社会效益而非经济效益。高校食堂作为高校管理的重要组成部分，因此，它的经营管理有别于校外餐馆的管理，然而，高校食堂竞争机制的引入将使得经营主体增多、竞争力增强，而竞争所带来的后勤服务质量的整体提高，使得学生能够吃到物美价廉、干净卫生、花样众多、口味适合的饭菜，从而成为改革的最大受益者，同时，食堂资源得到优化配置，这正是高校食堂在新形势下所期望的。因此，高校食堂离不开竞争，高校食堂的各主体需要进行良性竞争，以实现师生效用和食堂效率的最大化。

（三）督促学生食堂经营者做好食堂管理

1.端正高校学生食堂服务经营的指导思想

（1）稳定服务对象，开拓广阔服务空间

针对广大师生不同层次的需要，对同类菜肴品种进行不同工艺的深加工，使消费者有较大的选择余地。在形成特色菜的基础上，长期稳定品种也可以增加效益。稳定服务对象，同时要使消费者经常获得新鲜感，必须做到花色品种多样化，单项菜肴供应周期短，注重调整花色品种的适度和全部花色品种的循环流转周期。

（2）争取一专多能，实现服务层次化

由于服务对象范围广，消费层次多，高校学生食堂注重相应的服务层次。同时针对不同对象形成服务的不同梯队：低档消费——大灶；中档消费——小灶；高档消费——精炒。对炊管人员严格分类把关，了解其操作水准，要求其一专多能，在相对稳定的有限范围内实现服务层次化。

（3）保证学生基本营养要求

以满足学生营养要求的基本伙食为主，在此基础上考虑多层次需要，是高校膳食工作的基本特点。在合理价格的基础上，追求色、香、味俱全，寻求最佳操作工艺，力求经济，降低成本。

（4）真正服从学校的正当管理

凡是经营学生食堂的社会企业或个人，都要端正学生食堂服务经营的指导思想，真正服从学校的正当管理，把国家和学校给予学生食堂的各项优惠政策与补贴，直接用在降低学生食堂饭菜价格、提高饭菜质量及服务质量上。

2. 抢抓机遇加快高校食堂发展

管理高校食堂如同管理一个企业，不能停留在传统的思维和做法上，应该快速学习和掌握现代化企业的管理方法。要想让高校食堂有所发展，必须树立一个远大的目标，这一目标就是发展壮大自己。这一点对于目前高校伙食而言是至关重要的。没有目标，就没有方向，也就没有动力，所以，高校伙食管理首要解决的问题是树立信心，抢抓机遇，确定今后发展的方向。

3. 全面推行食堂管理的科学化、规范化、现代化

管理伙食的方法有很多，选择一条适合自己的科学管理方法，合理有限地管理伙食，才是高校伙食发展的出路。高校伙食管理工作者要有学习新知识的能力，要不断提高和改进工作方法，以适应新形势和企业发展的要求。

（1）注重计算机管理技术的应用

目前，计算机管理技术已从单一的售饭管理逐步向成本管理、财务管理、人事管理等多方面渗透，逐步形成了一个以计算机为主的网络体系。新的管理方式更易收集和交流信息，更易调动广大职工的劳动积极性、主动性和创造性，成为办好标准化食堂、使食堂管理工作科学化必不可少的手段。

计算机能自动、高效、精确地处理各种数据，并且具有信息存储、过程控制等功能，使高校伙食管理人员摆脱了以往烦琐的重复劳动，创造出更多社会效益和经济效益。随着科学技术水平的不断提升，计算机自动化管理系统在高校伙食管理中一定会发挥越来越大的作用。

（2）抓住食堂管理核心，实现管理现代化

食堂管理现代化的核心问题是管理思想、管理组织、管理方法的现代化，它具体反映在食堂工作的系统化、正规化中。具体说来，有以下三点：一是制度规范化。要遵循"科学具体、总体配套、相对稳定、切实可行"的管理原则，做到体系完整、统筹兼顾、职责分明、内容到位。各工种、各岗位实行数量化、能操作、易检验的具体标准，在工作职责、工作目标、业务能力和考核评估等各个方面做出细致的规定，约束职工行为，形成竞争氛围，提高职工业务素质。二是工作程序化。要制定食堂管理各项工作的流程和运行方式，保证食堂管理工作有条不紊地进行，以此提高食堂管理的效率、效益和服务质量。制定操作程序时，要兼顾纵向和横向联系，充分考虑各方面的利益关系，处理好需要与可能、重点与一般之间的关系，调动各方面的积极性，以最高的效率创造最高的效益。在按规定执行的过程中，充分体现自上而下的统一方向、统一行动。定期与学生沟通，公布成本核算、市场价格、食堂盈亏情况，及时听取学生反映的问题，便于师生员工的共同监督，提高管理质量。三是服务标准化。把抽象的工作原则具体化，每个工作人员都按标准办事，用标准定责，按岗位定标，客观、全面、便于考核，向学生面对面服务时，服务员要穿戴整齐，注意仪表，文明服务。

4. 打造一支高效率、高素质的食堂炊管队伍

食堂现代化管理的一个重要环节就是要不断提高炊管人员的文化水平和业务水平，打造一支高效率、高素质的食堂炊管队伍。一是变革意

识，提高认识。思想是食堂现代化管理的灵魂，要重视工作人员的思想意识，引导他们适应新的工作模式、新的行为方式，在当前新的形势下，食堂人员变革意识尤为重要，要注重培养他们在自己的工作中大胆实践，综合运用，从而推动食堂管理全局化的改革与进步；二是普及科学知识，发扬实干作风。要定期开展与食堂相关的知识讲座、炊管人员业务培训班等活动，对食堂工作人员进行基础、全面的科学知识普及。三是关心食堂员工。在高校食堂工作的员工，劳动强度大，工作辛苦，食堂管理者要关心员工，让他们有归属感。

5. 研究和确定符合自身特点的企业文化

企业精神文化是在企业长期的生产经营活动中形成的，反过来又为企业提供生存发展的精神支柱和前进动力，是企业的群体意识和职工价值的集中体现。高校食堂要创新思维，吸收企业文化建设优秀成果，牢固树立"文化也是生产力"的理念，结合实际，因地制宜，把塑造饮食文化作为当务之急。在企业精神文化建设中，要高扬"以人为本"的管理旗帜，从尊重人、理解人、关心人、培养人的角度尽可能地满足职工的合理需求，充分挖掘职工潜能，开发人力资源，最大限度地调动职工的积极性和创造性。

总之，高校伙食管理是一门科学，高校伙食可以借鉴社会餐饮企业的管理，但又不能完全照搬，因为高校餐饮具有一定的公益性、政治性和教育性，所以我们要善于学习，也要学会总结。创新和继承是未来高校伙食发展的两大主题，只有不断创新，高校食堂才能走上新时代发展的道路，只有不断地总结继承，高校食堂才能健康快速地发展。

第三节　高校公寓管理

一、高校公寓管理的定位及特点

（一）高校公寓管理的定位

高校公寓管理指的是高校通过组建后勤和公寓管理部门对学生公寓的各个方面进行管理的活动，包括物业管理和学生管理。物业管理，一方面，管理人员要确保学生公寓及其附属设施的完好和正常使用，使学生的正常学习和生活秩序得以维持；另一方面，管理人员要努力提高自身的基本素质和管理水平，以便更好地开展和实施管理活动，为学生服务。学生管理，是指通过在学生公寓中对学生的日常行为规范的管理、引导和教育，培养大学生良好的学习生活习惯，从而提高其思想道德修养。

1. 高校学生公寓的功能

学生公寓兼具生活保障的基本功能和育人的特殊功能。

（1）生活保障的基本功能

生活保障功能，即为住校学生提供良好的生活、学习、娱乐、交往的场所。通过公寓化管理，改善学生的生活条件，满足他们的需要。例如，保证公寓楼公共部位清洁卫生；保证水电供应、维修及时；保证公寓安全、设施完善，给学生一定的活动场所；等等。

（2）育人的特殊功能

管理育人功能，即公寓管理者和学校通过行政管理的各个环节，运用一定的手段和方法，协调一致地为实现学校的培养目标而努力的活动或过程。

文化育人功能，即根据学校的培养目标，通过开展健康的公寓文化活动、营造良好的文化氛围和改善公寓环境来熏陶人、感染人，从而达到育人的目的。

服务育人功能，即公寓工作人员通过提供优质高效的服务为学生创造良好的生活环境，使学生在潜移默化中逐渐形成互相帮助、团结友爱的精神以及高度的社会责任感、高尚的道德情操。

2. 高校学生公寓管理的基本目标

学生公寓管理的基本目标是按照"培养创新能力、加强素质教育、注重个性发展"的人才培养模式和社会主义市场经济规律的要求，改革学生公寓现行管理体制，建立在学生社区管理中心领导下对学生公寓实行社区化管理的体制，并逐步在服务职能中推行物业化管理。同时，在学生社区设立学生社区党组织和社区共青团工作委员会，实行学生政治辅导员进学生公寓工作的运行机制，加强对学生社区的学生管理和思想政治工作。通过对学生公寓管理体制和运行机制的创新，达到管理育人和服务育人的目的，即通过加强学生社区的管理，把学生社区建设成为学校社会主义精神文明建设的基地、学生素质教育的基地、学生勤工助学的基地和学生"三自教育"的基地。

（二）高校公寓管理的特点

1. 管理体制

以往学生宿舍属于事业型的，依靠学校经费拨款，是无偿服务。随着高校后勤社会化改革的不断深入，公寓也将成为独立核算的经济实体，使得公寓管理工作逐步实行有偿服务，这就意味着硬件条件要改善，服务管理要跟上，并力求达到经济效益和社会效益的有机统一。

2. 管理理念

以人为本是现代管理学的基本理念之一。随着高校后勤社会化的进行，高校后勤部门以企业集团的形式从高校管理体系中逐渐分离出来。在进行企业化管理的同时，高校后勤集团应该以学生为本，一切以满足学生的需求为目标，要改变过去宿舍管理中只重管理、不重服务的思想，把服务和管理放到同等重要的位置。

二、高校学生公寓管理的发展对策

高校学生公寓是学生在校学习、生活、休息的基本活动场所，是影响学生成长的重要环境因素和学校精神文明建设的窗口。公寓管理工作的好坏，对学生主体意识、品行修养的形成都具有十分重要的作用。高校后勤管理部门以及公寓管理部门对公寓管理中出现的各种问题应该有十分清醒的认识，从硬件建设入手，加强思想政治教育和公寓文化建设，不断进行管理创新，同时努力提升自身的管理素质，以健全公寓管理体系，实现公寓管理的育人目标。

（一）营造环境，硬件为基

公寓的物质文明建设是精神文明建设的基础和重要保证，是突出管理育人和服务育人原则所必备的"硬件"。公寓环境，即"硬件"建设，是看得见、摸得着的物质存在。它既能满足学生生活学习方面的需要，又能陶冶学生情操，激励学生积极上进的热情。公寓的物质文明建设是做好公寓建设诸多重要环节之一。公寓的整体环境整洁优美，广大学生就能够珍惜爱护，同时也能带动影响学生主动配合管理人员参与公寓建设，爱护公共环境的卫生和设施，并搞好自己的寝室建设，减少管理与被管理的矛盾

因此，高校在加大公寓精神文明"硬件""软件"建设的经费投入力度的同时，一定要把改善学生生活条件、美化环境的工作列入发展规划，逐年加大投资力度，改善、增设服务设施，美化生活环境，优化育人氛围。

（二）塑造文化，育人为本

公寓文化是以学生为主体，以公寓为空间，以积极向上、健康有益的活动为主要活动内容，以校园精神为主要特征的一种学生们共创和共享的群体文化。公寓文化的内容及其形成的文化环境和氛围，对学生有着直接的或潜移默化的积极导向作用。

1. 选派德育工作人员进驻学生公寓

学生公寓是学生日常生活与学习的重要场所，也是在课堂之外对学生进行思想教育工作的重要阵地。德育工作人员进驻学生公寓，是推进高校德育工作向学生公寓延伸的重要保证。因此，高校要选派业务素质高、责任心强的德育工作人员进驻学生公寓。公寓德育工作人员以专职为主，兼职为辅，并可适当从研究生和高年级学生党员中选拔辅导员助理参与其中。德育工作人员要深入学生公寓，与学生"同吃、同住、同生活、同学习"，及时了解和掌握学生的思想动态，有针对性地开展"主旋律"教育，促进学生社区的精神文明建设。尤其要积极做好党团组织活动向学生公寓的延伸工作，发挥党团组织在社区思想政治工作中的作用；指导学生组织开展管理工作，调动学生参与管理的积极性和创造性；反映学生的要求和呼声，协助和督促物业管理部门提高服务质量；以及搜集传递信息，做好突发事件的处理工作等。

2. 加强公寓文化建设

开展丰富多彩的公寓文化活动，把浓郁的校园文化拓展延伸到学生公寓，营造积极、健康、向上的公寓精神文化氛围，增强学生的自律意识，提高学生辨识和抵御社会不良风气的能力，发挥文化育人的功能。公寓住宿学分制的实行以及传统的班级院系观念很难继续成为凝聚和维系学生的主要纽带。因此，需要通过公寓范围内的文化活动，建立融洽畅通的人际交流环境，使公寓内不同院系、不同专业的学生在交流沟通中互相学习，从而不断提高其综合素质。

3. 加强对公寓化管理条件下大学生集群行为的控制与引导

学生思想政治教育工作进公寓，必须加强对大学生集群行为的控制和引导。大学生社会经验不足，缺乏全面、深入、辩证地思考问题的能力，容易产生偏激的想法，在某些情况下易产生"情绪共振"，从而爆发集群行为。因此，要密切关注学生的情绪状态，为学生提供必要的情绪宣泄的机会、场所，及时进行情绪疏通和心理辅导。要建立正常的信息反馈和对话机制，经常与学生进行交流、沟通，及时改进工作中的失误或不足。

（三）强化管理，创新为重

高校学生公寓管理要贯彻物业管理和学生管理相结合的原则，建立健全的管理制度和顺畅的管理机制。建立完善院校党政领导下的学生处（部）主管、系（班）、团委、学生会（下设民主参与公寓管理委员会）、总务处、保卫处等部门协同工作的综合管理机制；在院校主管领导的亲自指导部署下，实行各系（班）各有关部门综合管理公寓的目标责任制管理；建立完善旨在调查研究、落实责任、加强监督、协调沟通、奖优罚差的工作制度。同时，由于各个学校的具体情况不同，公寓管理部门要结合自己的实际情况，面对新形势、新变化，不断进行管理创新。

1. 创新公寓管理模式

随着后勤社会化改革的深入，高校学生公寓管理的内外部环境和条件都发生了变化，原有的管理模式已经不再适应新形势下公寓管理的要求，模式创新成为必然。现阶段比较有效的管理模式是"政治辅导员参与管理＋社会化物业管理＋学生自我管理"三结合的模式。即各校分别选派优秀的干部和政治辅导员与学生同住，负责思想品德、行为规范、集体主义教育；由公寓开发单位组建物业管理公司，按市场化运作完成学生公寓的物业管理工作；成立大学生公寓管理委员会，积极引导开展各种形式的学生自我管理、自我教育、自我服务的活动。管理模式的选择应遵循高校教育的共性与各高校具体校情相结合的原则，不应固定模式。

2. 允许学生参与，实行民主管理

高校公寓管理部门应充分认识到学生的"三自"能力，即"自我管理、自我服务、自我教育"的能力。可以通过党团组织进公寓等形式，组建学生管理委员会，让学生参与进来，体验管理工作。积极听取学生对公寓管理工作的意见，通过多种方式与学生进行交流沟通，如安排领导定期接待日、设置意见箱等。这样做也可以加深学生对公寓管理部门的理解程度，减少管理者与被管理者之间的矛盾。

（四）建设队伍，素质为先

公寓的管理人员在公寓的建设中起着教育、引导学生的主导作用，他们的素质如何，将直接关系到公寓整体建设的效果。高校应改变过去那种常规管理以物的保障为中心、以制度来约束学生行为的做法，选拔配备有政治责任感、文化素质高、业务能力强、管理经验丰富的人员来领导各公寓的管理工作，实现人员上的高层次管理。建立一支高层次的管理队伍，全面提高公寓管理人员的素质，可以从以下几个方面入手：

第一，提高管理人员的知识素质，即要充分配备具有较高学历和文化水平的管理人员，并想方设法增加现有管理人员的业务进修和学历深造机会。

第二，提高管理人员的工作能力和责任感。公寓管理工作范围涉及面广，管理人员必须具备一定的组织能力和处理问题的能力。管理人员不仅要靠制度的约束力，更要靠自己人格的感召力来做好管理工作，对工作满腔热忱，对学生温暖如春。只有这样，才能真正做到为学生服务，赢得学生、家长对公寓管理工作的信任。

第三，进行岗前培训，引入竞争机制。公寓管理人员上岗前都要接受培训，培训内容包括学校的有关规定，公寓管理的主要任务，工作中要坚持的原则、方法、艺术、技巧等。同时引入竞争机制，明确要求，坚持标准，定期组织考核，奖罚分明。

第四章　高校后勤工作之服务育人

第一节　服务育人基本原理

一、服务育人的内涵及功能

（一）服务育人的内涵

所谓服务育人，是指服务主体在向服务对象提供各种服务的过程中，以丰富的文化熏陶学生，并通过优质服务及服务者的良好形象，塑造一个真、善、美的育人环境，从而对学生的世界观、人生观、价值观和道德品质的形成起到暗示性、渗透性的作用。服务育人的直接作用是在满足学生某种物质需要的同时也满足其必要的精神需要，使物质文明和精神文明互补。高校后勤服务育人要求高校后勤工作不仅为学生衣食住行提供服务，更重要的是创造一种催人上进的环境，促进学生奋发成才。

服务育人的内涵包含"显性"和"隐性"两个层次。显性层次是指外在的服务行为、服务形象、服务环境、服务规范，并通过这些来教育约束服务对象，使之养成基本的社会公德和文明行为习惯，以及良好的学习、生活习惯；隐性层次是指后勤的所有活动都在潜移默化中对学生产生积极有益的影响，使之形成正确的世界观、人生观、价值观，以及良好的社会心态和精神风貌。

高校后勤在服务教学、科研、师生生活的过程中，其服务活动贯穿学生生活的各个方面，具有独特的育人特征。主要表现在以下几方面：

1. 服务形式的多样性

后勤服务育人的多样性是由服务形式的多样性决定的。其主要表现在后勤工作者以个人的思想觉悟、工作作风、道德品质和专业技术知识等方面影响学生；后勤企业通过制定和完善有针对性的一系列规章制度，培养学生遵章守纪、勤俭节约和文明礼貌的好品质；后勤服务所营造的优美校园环境，可以激发学生热爱学校、发奋学习的热情等。高校后勤通过这些不同的服务和管理形式，形成了服务育人形式的多样性。

2. 育人过程的长期性

高校后勤服务育人的长期性特点主要表现在两个方面：一方面，从宏观上来讲，只要有高校，就必然有后勤存在，后勤事业是一项基业长青的事业。也就是说，高校后勤与高校是血肉关联的，同样地，高校后勤服务育人工作将因为高校的存在而长期进行下去，不管后勤社会化发展到哪个程度，这一方向永远不会改变，服务育人的功能也永远不能丢失。另一方面，后勤服务育人工作贯穿于学生在校生活的全过程，学生从入学到毕业，自始至终都无法与后勤脱离关系。

3. 影响范围的广泛性

高校后勤服务育人的广泛性是由两方面决定的：一方面，学生的学习、生活、文体活动等与后勤服务工作密切联系，学生每天都要接触后勤职工，接受后勤服务；另一方面，后勤的每项服务工作和每个职工都可能与学生有所接触。直接的接触过程实际上也是接触双方最容易产生影响的过程,后勤正是因为其服务范围之广泛而对学生产生深远的影响。

4.育人效果的间接性

现代教育心理学认为,在人的性格形成过程中,环境因素影响很大。学生主要活动范围是学校,其生活环境和学生息息相关,并持久地产生影响。环境可以行"无言之教",对学生具有强烈的暗示性、渗透性的作用。高校后勤服务育人相对于教书育人而言,不是直接地面对学生进行思想政治教育,而是通过服务工作者的言行、作风、精神来感染学生,通过创造良好的服务环境,以"春风化雨"的方式感召学生,陶冶学生的情操,从而达到服务育人的目的。

(二)服务育人的功能

1.服务过程的引导功能

在服务行业中,顾客经常要参与服务传递过程。"过程就是产品,产品就是服务。"高校后勤提供服务的过程就是师生参与服务传递的过程,也是师生使用或享受产品的过程。由于高校后勤特有的教育属性,使得高校后勤服务具有独特的引导作用。

高校后勤服务过程,是后勤工作者与服务对象的交往过程。后勤工作者的工作态度、工作作风、劳动技能、语言、外表形象,无一不影响、感染着服务对象。所有这些都通过"显性"和"隐性"两个层次来实现育人的功能。例如,在显性层次上,后勤工作者上岗时,能做到操作规范准确,着装统一整洁,举止文明,就能引导学生注意语言美、行为美、仪表美等。在隐性层次上,后勤工作者在服务过程中所表现的尽职尽责、想他人所想、急他人所急的工作态度,能够在潜移默化中对学生产生积极有益的影响,激发学生团结友爱、助人为乐、乐于奉献的道德情感。

2.服务环境的感染功能

教育学原理认为,遗传、环境和教育是影响人发展的三大因素。遗传只是提供人身心发展的可能性，而环境和教育才使这种可能发展为现实并影响其发展方向和内容。因此，环境对人发展的作用不可忽视。马克思在关于人的活动与环境相一致的哲学原理中，强调在人的成长过程中，其心灵、品德、意志的形成，以及语言行为、习惯的养成，都受环境的感染和熏陶。高校后勤服务环境主要包括服务硬件环境、服务市场环境，服务文化环境等。高雅的环境能陶冶情操，帮助学生树立崇高的理想、正确的审美观念和健康的审美情趣，使学生能够按美的规律来美化自身和改造客观世界。健康充实的后勤文化，还能使学生在思想品德、行为规范等方面受到潜在性影响，使其形成正确的世界观、人生观、价值观和相对稳定的、特有的校园心理因素。

3. 服务条件的保证功能

条件是制约和影响事物存在、发展的外部因素，条件的好坏对后勤服务和保障起到基础性作用。条件是保证，完善的服务设施既是搞好后勤工作的基础，又对学生的精神文明具有积极的促进作用。

学生在校首先要吃、喝、住、行，然后才能从事学习、科研等活动。学生的学习、生活都要依靠学校，如果就餐条件差、宿舍拥挤、环境脏乱、水电不能正常供应、自习没地方、娱乐无场所，要想培养高质量的人才是很难的。大学生在校期间，大部分时间是在宿舍教室、食堂、文体活动室等公共场所里度过的，与后勤服务接触的时间最长。高校后勤工作的全过程，必须围绕服务育人这一中心，在人力、物力、财力等方面加大投入力度，努力创造条件，不断改善学生的学习、生活环境，寓教育于优美和舒适的环境中。

4. 服务成效的放大功能

服务成效是指后勤管理、服务活动取得的成绩和效果。服务成效的放大作用是指在社会快速发展、信息交换便捷、人与人联系更加紧密的今天，后勤服务工作所产生的影响会在瞬间传播开来，其产生的影响远比结果本身更加深远。

后勤工作永无止境，在高等教育大众化背景下，随着高校后勤社会化改革进程不断推进，后勤部门不断研究需求、满足需求，与此同时，师生新的需求仍不断涌现，服务的提供和需求的增加成为矛盾的统一体，这就要求后勤工作者在看到成绩的同时，也要清醒地认识到存在的不足。在后勤服务工作中，一位普通阿姨对生病学生母亲般的关怀和照顾，会让学生备受温暖、记忆一生，这种关爱也许只是针对一个或几个学生，但这种行为会在学生中广为传播，整个班级或者整幢公寓楼的学生都可能会记住这位慈母般可爱、可亲、可敬的阿姨。同样，在餐厅、在医院、在校园，每一位后勤工作者在服务过程中的亲切微笑、文明行为、敬业爱岗精神都会给学生留下良好的印象，而这一切将潜移默化地影响、感染、引导体验到这种服务过程的学生，通过这些学生又会影响周围的同学。所以，在后勤服务工作中，要时刻注意服务成效的放大作用，力争做到以小见大，于细微处见真情。

二、服务育人的原则

作为高校培养人才的重要一环，"育人"早已有机地渗透在高校后勤的管理服务之中。青年学生的可塑性很强，他们的思想性格、道德情操、理想信念和价值观念等正处在形成的时期，而他们的学习、生活同高校后勤的服务工作紧密相连，每天有大量时间在高校后勤管理和服务的范围活动，其政治倾向、思想情操、道德品质和生活作风等都会自觉不自觉地表现出来，高校后勤可以在管理、服务过程中联系实际对大学生进行再教育。作为一个重要而不可忽视的思想教育阵地，高校后勤在育人过程中需要遵循以下原则：

（一）潜移默化的原则

北齐的颜之推在《颜氏家训·慕贤》中提到："人在少年，神情未定，所与款狎，熏渍陶染，言笑举动，无心于学，潜移暗化，自然似之。"潜移默化是指人的思想或人格不知不觉受到感染、影响而发生变化。在大学里，学生的主要活动范围是校园，而校园内大部分时间又在宿舍、食堂等后勤管理和服务区域，后勤的管理水平和服务质量跟学生息息相关，并持久地产生影响。

1. 环境感染行无言之教

后勤服务硬件环境、服务市场环境和服务文化环境可以行"无言之教"，通过耳濡目染，对学生产生强烈的暗示性、渗透性的作用。整洁的校园，文明的学习环境，温馨而富于文化气息的住宿和就餐场所，能使广大学生感受到家的温暖，缓解学习生活的压力，同时会对其美好灵魂的塑造起"润物细无声"的作用。

2. 行为引导树模范之身

大学生在校四年的学习和生活中，从新生报到入学到毕业离开学校，从宿舍到课堂、从餐厅到校园，事事、处处接触后勤工作者。后勤的每件工作、后勤工作者的一言一行，都会对大学生的情操陶冶和道德修养产生导向作用。后勤工作是没有讲台的课堂，后勤工作者是不上讲台的老师，是开展"三全"育人工作不可缺少的力量。后勤工作者蕴含的无声教育是大学生在课堂上、教科书中无法找到和学到的，而这些对大学生的成长，对大学生世界观、人生观和价值观的形成又产生着深远的影响。

3. 实践体验促全面发展

通过组织和引导大学生参与后勤管理和服务实践活动，让他们在具体的实践活动中，扮演一个角色，获得一种感受，明白一个道理，养成一种品质，学会一种本领，从而全面提高自己的素质。高校后勤通过提供丰富多彩的实践体验活动，不仅能强化大学生的道德认知和道德信念，还能促进其各方面能力的提高，使大学生在亲身实践中增长知识，掌握一定的生活技能，在潜移默化中将做人做事的道理转化为良好的行为习惯。

4. 大爱升华寓育人之真

后勤工作者应以广博的爱心关爱学生，以高度的责任心、崇高的职业道德去感化他们，以默默无闻、任劳任怨的奉献精神去影响他们。后勤工作者应始终以爱心、责任、奉献为目标，积极引导和培养学生树立正确的世界观、人生观和价值观，沿着正确的人生方向健康地发展。

潜移默化的教育形式是大学生不能抗拒的。大学生的模仿是在无形之中产生的，这种模仿最初是外部行为，是直观的、有目的的，而后逐渐由外向内、由表及里地转化和深入，经过较长时间的接触后，后勤工作者的行为规范就成为学生稳定的心理品质。

（二）言传身教的原则

《庄子·天道》中提到：“语之所贵者意也，意有所随。意之所随者，不可以言传也。”意指既用言语来教导，又用行动来示范，指行动起模范作用。以身作则，言传身教，是高校后勤服务育人应该坚持的基本原则。

1. 以身作则树立典范

坚持以身作则，确立师表形象为言传身教之先导。高校后勤部门的服务对象主要是青年学生。他们正处于心理迅速发展的阶段，渴望关怀和理解，希望听到肺腑之言，也需要后勤工作者与他们进行耐心的交流。这就要求每个后勤工作者在热爱本职工作的同时增强责任感，自觉地营造良好的育人环境，不断规范自己的言行，做到严肃而不拘谨、活泼而不嬉闹、幽默而不庸俗、随和而有原则。

2.言教身教齐推并举

"其身正，不令则行；其身不正，虽令不从。"孔子向我们昭示了一条为人"师"者的真谛——身教重于言教。所谓"言教"，是指教育者用讲说的方式教育、开导被教育者；所谓"身教"，是教育者以自身的模范行动去影响和教育被教育者。实际上，言教是身教的抽象与概括，身教是言教的体现。常说"喊破嗓子，不如做出样子"，后勤工作者在各自岗位表现的吃苦耐劳、任劳任怨、关心他人的高尚品质和言行，对当代大学生的教育和影响远比通过批评教育和教化式的管理效果明显，这种影响无时无刻无处不在。

（三）动情晓理的原则

孔子在《论语》中提到："诱之以利，动之以情，晓之以理，胁之以威，授之以渔，绳之以法，导之以行，勉之以恒，持之以恒，学之以恒，行之以德，道之以德，齐之以礼，有耻且格。"动之以情，晓之以理，即"以情使之动，以理使之晓"，用道理使其"晓之"，用充满感情的方式使其"动之"。

1.动之以情，以情感人

在高校后勤管理和服务过程中，后勤工作者要树立全心全意为学生服务的思想，要想学生之所想，急学生之所急，及时帮助学生解决生活中的各种困难和实际问题。坚持这条原则，需要做到以下两点：第一，后勤工作者应通过自己的辛勤劳动和优质服务为在校大学生提供良好的食宿和学习条件；第二，后勤工作者的良好服务态度和优秀品德为大学生树立了学习的榜样，不是亲人胜似亲人的关爱让大学生感受到家庭般的温暖，这会调动他们的学习积极性，促使他们健康成长。

2. 晓之以理，以理服人

坚持这项原则，主要是教育学生遵守有关规章制度，遵循社会公德。为了加强对大学生日常生活的管理，各高校首先应制定各项规章制度，用规章制度来指导和规范学生的行为。同时还必须有强有力的思想教育，才能保证各项规章制度顺利贯彻执行。高校后勤在服务过程中，发现学生出现违章、违纪行为时，要坚持以正面教育为主，指出其错误的性质和危害，帮助大学生分清是非，吸取经验教训，改正错误。

3. 导之以行，以行育人

坚持这项原则就是在日常的管理和服务工作中，要组织和吸收学生参加高校后勤的民主管理，使学生在民主管理中得到锻炼，增长才干。大学生通过参加民主管理和共建活动的实践，不但能提高遵守社会秩序、热爱劳动的自觉性，还能锻炼分析、解决问题的能力，增强主人翁意识。

（四）博爱宽容的原则

"宽以待人，容纳海涵，胸怀广阔，大爱无私"是中华五千年文化之核心。有学者指出，大学要有大爱，这与博爱是相通的。博爱体现了以人为本的思想，闪烁着浓郁的人文情怀的光芒。高校是一个聚集高道德、高智力、高文化水平群体的地方，是精神文明的集散地，应该成为充满大爱、博爱和宽容的乐园。提供坚强有力的保障和优质高效的服务是高校后勤的职责所在，在后勤管理和服务工作中坚持博爱宽容的原则，会让师生心情舒畅，全身心投入工作和学习。博爱和宽容就像催化剂一样，可以催化人才的成长，实现学校和学生发展的目标。

1. 将心比心，推己及人

将心比心是指高校后勤工作者在服务工作中要设身处地为服务对象着想，假设自己站在对方的位置，如何理解他人、体谅他人；推己及人，是以自己为标尺，衡量自己的言行举止能否为人所接受。其实质是要求后勤工作者学会换位思考，当学生提出问题或遇到困难时，后勤工作者要站在对方的立场，想想如果自己遇到这种问题和困难时会怎么样。

2. 善良之心，关心别人

后勤工作者要充分发扬中华民族的传统美德，善良热情、与人为善、乐于助人，在生活中给予学生雪中送炭般的帮助；后勤工作者要永远怀着一颗友善、真诚之心，服务师生，关爱弱势群体，这种行动不在于惊天动地，而在于平时的点点滴滴、日积月累，于细微处见真情；后勤工作者要主动关心人，急学生之所急，想学生之所想，送学生之所需，竭尽所能地帮助那些在学习和生活中遇到困难的学生，切实为他们排忧解难，创建良好的育人环境。

3. 有容乃大，兼容并蓄

有容乃大，兼容并蓄，是指后勤工作要遵循宽容的原则。我们讲的宽容不是无原则的退让和妥协，对服务对象的宽容就是后勤工作者要心胸开阔，不斤斤计较、睚眦必报，能容人容物，善于以宽容的心去体谅学生、理解学生。宽容能化解矛盾，能使消极变积极。一个人有了宽容就有了无穷力量，就会谦恭自律。宽容有利于团结，有利于和谐校园、和谐后勤的创建。

高校后勤的服务工作应始终坚持博爱、宽容的原则，用博爱、宽容的胸怀去抚慰、温暖师生；用心与心的真诚交流、心与心的坦荡沟通不断缩短与师生的距离。只有如此，才能真正在管理和服务过程中实现服务育人的目标。

三、服务育人的基本要素

服务育人作为一个系统工程，有其基本的组成要素。所谓要素，是指具有共同特性和关系的一组现象或一个确定的实体及其目标的表示。要素有两层含义，一是构成事物必不可少的因素；二是组成系统的基本单元，是系统存在的基础，同时也决定系统的性质。笔者认为，服务育人由主体要素、条件要素和文化要素组成。这三个要素相互依存、相互作用，缺一不可，其中主体要素是关键，条件要素是基础，文化要素是核心。

（一）主体要素

1. 主体要素的含义

主体要素是一个系统中起主导作用的要素，是首要的条件，它甚至制约着系统的发展。服务育人的主体要素是指进入高校后勤管理服务活动领域，发动、承担并实现管理服务活动的高校后勤工作者，他们是一切后勤管理服务活动的决策者、组织者与执行者，是服务育人系统中的关键性要素。

主体要素是服务育人系统中的主观要素。其原因在于：一是高校后勤工作者是具有一定的知识、生产经验和劳动技能的人，而生产经验和劳动技能只有发挥人的主观能动性，积极主动地去学习和掌握才会获得。二是高校后勤工作者具有创造性，在后勤管理服务过程中能把各种资源有机结合起来，创造更大的价值。三是高校后勤工作者具有主观意识，通过其主观能动性使后勤各项管理服务活动的内容变得更丰富，形式变得更多样化，并在这个管理与服务的过程中，建立起员工与员工、师生与后勤员工等各种人与人之间的关系，以及反映这些关系的上层建筑。

主体要素是服务育人系统中的实践性要素。从"实践是人类的存在方式"这个角度去理解，高校后勤工作者是一种实践的存在，在后勤管理服务中，他们运用自己所掌握的知识、技能，借助一定的载体如各种管理制度和各种设施工具，对校园环境等进行改造；同时在这个管理与服务的实践过程中，高校后勤工作者又在不断地学习，提升自己的各方面素质，使自己更好地进行管理服务实践活动，最终达到管理育人、服务育人的目的。

综上所述，在高校后勤服务育人的整个过程中，所有的活动都是由人去完成的。人是后勤管理中最活跃的部分，只有人才能深刻理解服务育人使命的重要性并自觉践行这一使命，只有人才能利用各种先进的技术、设施去实现服务育人的使命。高校后勤工作场所和服务对象的特殊性，又决定了后勤工作者是"不上讲台的老师"，其一言一行、一举一动，时刻被学生所关注、所参照、所模仿。高校后勤工作者不仅是服务育人的主体要素，而且是高校后勤能否"服"好"务"、"育"好"人"的关键所在，还是使后勤服务育人这种可能成为现实的推动者。

2. 主体要素的特征

（1）健全的身心素质

首先要有强健的体魄。后勤工作者要在体质上有较强的抗病能力，在做体力劳动时有持久的耐力，有足够的精力应对日常生活和工作的压力。后勤工作很辛苦，各岗位对身体的要求又不一样，有的还需要特殊的身体条件，如餐饮岗位。没有强健的体魄，连基本的工作都做不了，何谈服务育人。其次要有健康的心理。后勤工作者要以积极的眼光看待周围的事物，看待世界，对日常工作中出现的压力、委屈等心理问题，能采取有效的预防、调整、治疗措施。后勤工作很烦琐，后勤工作者经常会受到误解甚至责骂，因此，后勤工作者必须善于调节心理，能适应环境。最后要有开朗的性格。后勤工作者要有通达的心态、练达的人情。后勤工作事务杂、摊子大、任务重，稍有不慎就会影响育人工作的顺利进行，因此后勤工作者要事事都往好的方面想，并做到快乐时不得意、痛苦时不消沉，要有"我付出，你成才"的豁达心态。

（2）较强的能力素质

首先要具有岗位技术能力。后勤工作者既要熟悉也要能适应操作各岗位所需的基本技能。后勤每一个具体岗位都需要相应的岗位技术能力，如餐饮工作应具备烹调技能和营养学知识，而驾驶员则除掌握必需技能外，还要熟悉所驾驶的设备的使用、维修等技能。有的岗位技术性较强、责任重大，如锅炉工，业务技能要求就更高了。其次要有解决问题的能力。后勤工作就是要解决那些妨碍我们实现目标的各种各样的问题。在工作中遇到障碍时，要能发现问题的矛盾点并分析解决，排除障碍，保证工作顺利进行。每一位员工，也许每天都要面对层出不穷的问题，这时就应该勇敢地面对并开动脑筋解决问题。最后要有沟通协调能力。后勤工作者要有效地运用各种沟通方式，营造宽松、和谐的工作氛围，同时善于团结和自己意见不同的人一起工作。当然语言文字表达要条理清晰、用语流畅、重点突出。沟通协调存在于后勤服务的每个环节，后勤工作者与学生之间的交流沟通是随时随地存在的，要通过沟通协调把服务过程效能化。

（3）良好的品德素质

一方面要有爱岗敬业的职业精神。一个后勤工作者无论从事什么岗位，必须热爱自己的职业，对自己的岗位职责负责到底。只有爱岗敬业的人，才会全心全意投入工作，才会勤勤恳恳，不断地钻研业务，一丝不苟，精益求精，才有可能在平凡中显伟大，才能实现服务育人的使命。其次要有全心全意的服务精神。高校后勤工作就是服务工作，要将全部的精力投入工作，并始终把维护学生和教职工的利益作为工作的出发点和归宿点。具备了全心全意的服务精神，就会努力为师生员工着想，为他们架桥铺路、排忧解难，并乐此不疲。另一方面要有任劳任怨的奉献精神，任劳任怨是指做事不辞劳苦，不怕埋怨。后勤工作纷繁复杂，涉及面广，起早摸黑，加班加点是常有的事，但又因为众口难调，工作很辛苦，又不能保证人人满意，甚至还要承受风言风语，所以，从事后勤工作，不仅要任劳，还要任怨，能经受住他人的埋怨、指责，要敢于"风雨一肩挑"，要有一种"甘为孺子牛"的奉献精神。

（二）条件要素

1. 条件要素的含义

条件要素是指影响事物存在并能引发事物发展的必要因素，它揭示事物依靠什么而存在，这些条件是如何发展变化的，又是如何引发事物发展变化的。条件要素最突出的特征是可变性，可变性的表现是可以增加或减少，这种增加或减少推动事物的变化和发展，但条件增加、减少的幅度，以不引起事物的构成变化为界限。服务育人的条件要素就是指为了实现服务育人而必备的各种财、物、信息、市场资源的总和，如学生公寓、餐厅、教学楼等以有形资产形式体现的设施设备和为确保管理服务活动顺利进行的辅助工具，如信息技术、网络办公等。

条件要素是服务育人系统中的客观要素。一方面，它们都是后勤管理服务领域的客观存在物，都具有客观实在性；另一方面，作为设备设施和信息资源，它们没有意识、没有能动性，更没有创造性，只能被动地发挥自身的作用，但却可以被后勤工作者作为管理服务育人的载体能动地、有目的地发挥作用。因为服务育人是抽象的事情，是意识形态的事物，没有一定的物质形式，它就不可能传递服务育人的思想，因此它必须有可感知的物质形态，比如后勤工作者在餐厅，只有按照明确的目的才能提供人性化的餐饮服务。

条件要素使服务育人成为一种可能。通过基础设施设备和网络管理工具等条件要素把相对枯燥的后勤工作表现得生动形象又丰富多彩，给学生的思维心理、行为方式、理想信念带来深刻的影响。高校后勤工作者通过运用这些客观存在物，不但保障了学校教学、科研、生产的有序进行，让学生安心学习、专心科研，更重要的是这些载体使管理服务活动成为教育的"第二课堂"，把后勤的服务理念、管理思想传递给学生，成为学校思想政治工作的重要补充，使服务育人成为可能。由此可见，条件要素是服务育人不可缺少的要素，它在服务育人中发挥着重要的作用，是服务育人的基础工具和有形载体。

2. 条件要素的特征

（1）完善的设施设备

餐厅、公寓、超市、教学楼等是后勤管理服务活动最基础的设施条件，后勤只有通过完善的设备资源才能把各项服务育人工作体现出来。后勤是以出售"服务"为主的组织，让学生满意是后勤的工作目标，而后勤的这些硬件设施是实现这一目标的物质基础。随着社会的发展，后勤保障工作对设施设备的依赖程度也日益增加，一旦设施设备出了故障，后勤保障工作就会受到影响，这些工作几乎无法由人来代替。我们无法设想，电话不通、浴室无水、宿舍不能正常住人、餐厅无法正常开餐的后勤如何能使学生满意；我们更无法想象，如果连正常的后勤管理服务活动都开展不了，高校后勤如何服务育人。因此，良好的设施设备是开展服务育人的基础，而现代化的设施设备更为服务育人提供了强有力的保障。以校园内的建筑物为例，校园环境为学生提供了学习、生活的空间。从直观上说，带有建筑美、自然美、生活美的现代化设施本身对学生就是一种静态教育。这些校园建筑物长期、重复地被学生所接触和感受，反复作用于学生的头脑，影响他们的思想，培养他们的审美观，增进学生的自豪感，增强凝聚力和向心力，促进校风和学风建设。

（2）网络化、数字化的现代信息技术

随着社会经济的发展，网络信息技术作为强劲有力的现代管理手段与工具被应用于后勤管理服务的各个领域，如后勤网页、自动化办公系统、人力资源管理系统、财务管理系统等。各高校后勤纷纷通过网络化、数字化的现代信息技术传递着服务育人的思想，对学生的思维心理和行为方式产生渗透式的影响。

（三）文化要素

1. 文化的含义

广义上说，文化是人类社会历史实践过程中所创造的物质财富与精神财富的总和；狭义上说，文化是社会的意识形态以及与之相适应的组织机构与制度。在高校中，高校后勤文化是以高校后勤工作者为主体，通过管理服务活动并在这个长期的过程中逐渐形成的具有后勤特色的价值观念、行为规范、道德标准、员工素质以及与之相适应的制度载体的总和，它是后勤精神形态文化、物质形态文化和制度形态文化的综合体。

文化要素是服务育人系统中的核心要素。高校后勤是特殊的服务行业，又身处弥漫着文化气息和教育氛围的高等学府，其企业文化一方面作为间接性的要素渗透后勤各项管理服务活动，影响后勤的管理与服务水平；另一方面，企业文化的深深融入是后勤发展和富有竞争力的重要资源。美国学者亨廷顿指出，21世纪的竞争将不再是经济的竞争、军事的竞争，而是文化的竞争。高校后勤只有在文化的支撑下，才能获得不竭的发展动力和持续强劲的发展优势，也只有成熟的企业文化才能衍生出鲜明的管理和服务理念，只有经过文化的浸润才能营造出可以净化学生心灵的人文与生态环境，确保服务育人的使命和谐有序完成。

文化要素通过以下方式使高校后勤发挥服务育人的作用：首先，将各种已经形成的良好的服务理念、管理思想通过管理与服务内化成后勤工作者的素质；其次，后勤工作者在服务过程中遇到问题时不知不觉地用已经内化了的管理理念、思维方式进行观念整合，并按此进行价值判断；最后，后勤工作者采取能够体现价值判断的行为模式解决问题、处理事件。实际上每个高校后勤工作者在管理和服务过程中所呈现的思维和行为模式都是高校后勤内在文化的外在表现，甚至可以说高校后勤所有的管理服务活动都是其企业文化的外在表现。

2. 文化要素的特征

（1）企业文化具有明显的人格化特征

企业文化的人格化特征就是指在员工个体与企业文化氛围的相互作用过程中，形成较为统一的具有稳定性的独特的心理特征。这种心理特征能够连续、持久地影响和决定员工个体的行为，而员工个体行为的凝聚则体现了企业整体的本质和特征，决定企业整体的价值取向。企业文化的人格化特征实际上是社会发展的客观要求，要求企业成为社会有机体的一员，监督、适应社会客观环境与社会协调同步发展。

后勤企业文化具有的人格化特征。一是基于交往需求而必须培养的后勤企业亲密文化和情感。现代企业管理理论指出，和谐、融洽的人际关系出生产力。这种和谐、融洽的人际关系，既包括员工与员工之间亲密团结的关系，也包括管理者与被管理者之间的尊重、信任、理解、关心的关系。这些关系的营造和确立并不是单纯是靠物质、金钱实现的，而主要是靠后勤企业文化的建设。二是基于人的成就需求而培养高校后勤的向心力和凝聚力，以及培养员工的主人翁精神。高校后勤是一个特殊的社会组织群体，其企业文化建设就是要通过倡导高校后勤精神、构建企业价值观等方式来不断强化企业内部凝聚力，让各具个性、各有追求、持不同价值取向的所有员工都能在高校后勤领域充分发挥他们的聪明才智，实现他们的追求，从而把高校后勤变成一流的服务企业。与此同时，指导员工大胆地工作和创造，使员工既能够实现自我价值，又能给后勤创造物质和精神财富，提倡和鼓励员工积极参与管理，让员工在参与中切实体会到自己的确是企业的主人。高校后勤文化具有鲜明的人格化特征，这实际上诠释了高校后勤以员工为本的一种管理理念。而高校后勤以员工为本的理念，提高了高校后勤工作者的主人翁意识，使后勤工作者有了做好服务育人工作的内在驱动力。

（2）企业文化具有双向育人的特征

企业文化都是以物化的形式存在的，其真正的价值不在于外在的存在形态，而在于内在的文化价值。这些文化价值体现了一个企业的价值取向、价值观念和形态结构。这些文化价值无形地存在于企业中，以一定的方式作用于企业内的每一个个体。而这些文化价值的获得，必然经过文化生产者即企业员工的反复提炼、加工、处理，并经由大量的社会实践活动，才形成系统的企业文化理论。而要让企业外的个体感受到企业内的文化理念，则是通过各种技术渠道，把那些无形的精神融入各种载体，再通过市场营销送到消费者手中。对于高校后勤而言，这个整理、传递、应用文化的过程实际上是一个双向育人的过程。所谓双向育人，就是指高校后勤工作者和大学生之间的双向互动教育体系。在管理服务过程中，后勤工作者与大学生双向影响、交互作用，在思想、行为、心理诸方面同步提高，具体包括以下三个方面：后勤工作者对自己和大学生实施育人功能，后勤工作者和大学生之间的双向育人，后勤工作者和大学生各自自我教育、自我管理、自我服务所体现的育人功能。双向育人最主要的特点是双向、互动、互效。

后勤工作者和大学生互为教育者和受教育者，他们是平等的主体，互相发送信息，各取所需，这样有利于信息畅通，育人效果自然会得到加强。在这个过程中，自我学习和互相学习成为服务育人的主要手段，尤其是互相教育手段的实施使后勤工作者和学生的"表率"意识得到加强。双方都非常关注自己身上的优点，寻找能体现优良道德品质的"闪光点"，并努力加以弘扬；同时，双方又都在努力发现对方的优点，更加注意努力地克服和弥补自身的缺陷。这就使双方都能形成既服务他人、也服务自己，既教育他人、也教育自己的良好心态。高校后勤文化双向育人的这个特征强化了文化对服务育人的支撑作用，使企业文化成为服务育人一个不可或缺的要素之一。

（3）企业文化具有多元化特征

高校后勤文化建设的目标，就是要营造一种相互尊重、彼此激励、有效沟通，并能为企业带来长远效益的和谐的企业文化。简言之，作为服务育人核心要素的企业文化应该是多元化的，它包括以下三个层面：一是精神文化层面，即后勤企业核心价值观、后勤服务精神、员工道德观等，如高校后勤员工都有共同的价值取向（以"三服务，两育人"为宗旨）、和谐的人际关系、丰富的文化生活、文明的生活方式等。二是制度文化层面，包括后勤的各种规章制度以及这些规章制度所遵循的理念，如人本管理的人力资源理念、服务至上的经营服务理念等。三是物质文化层面，如后勤的企业标志、文化传播网络等，如许多高校后勤都有自己的识别手册、标志标牌、统一的员工着装、后勤之歌等。

精神文化、制度文化和物质文化三者互相作用，共同形成企业文化的全部内容。文化的精神层为文化的物质层和制度层提供思想基础，是企业文化的核心；制度层约束和规范精神层和物质层的建设；而文化的物质层为制度层和精神层提供物质基础，是企业文化的外在表现和载体。和谐的后勤企业文化应起着导向、规范、推动和凝聚的作用。

第二节 服务育人现状分析

一、服务主体的育人现状

高校教育以"育人为本"，高校后勤只有将育人使命真正融入企业的经营管理服务活动，才能与现代高校教育融为一体。可以这样说，高校后勤在实践工作中积极地履行着服务育人的特殊职责，并努力使自身真正成为服务育人的有效实践者，使后勤的服务育人真正成为高校"三育人"的有机组成部分。但是，充分发挥高校后勤的服务育人功能必须在服务主体和服务对象之间建立一系列能够使服务育人的理念得以被应用于实践并产生实效的手段和方法。从育人的理念、制度、氛围来看，现行的育人情况主要如下：

（一）具备了较新颖的育人理念

企业文化是一个企业价值理念的最高体现，从高校后勤所提供的产品近乎唯一性的角度来讲，其企业文化就是一种服务文化。但高校后勤独有的教育属性决定了高校后勤文化中必须包含因服务于高等教育而被赋予的教育文化，这也是和高校后勤的服务育人功能最为紧密相关的。因此，高校后勤特别注意将育人融入文化理念、价值精神当中。

1. 融合了校园文化的精髓

每个学校都有自己的历史传承和文化脉络，都有各自的理念价值和教育精神，这也是高校后勤文化建设的土壤和根基。因此，高校后勤的企业文化在一定程度上就是校园文化的延伸，也是校园文化的补充和组成。例如，不少高校后勤将高校的教育理念融合进企业的文化理念当中，将高校的博爱、宽容、开放、求真的精神融合进服务思想当中，从而使得企业文化与高校文化息息相关，呈现更高的契合度和统一性。从另一个视角我们也可以看到，不少后勤企业的负责人及各级管理人员本就来自学校行政、教育系统，其本身就对校园文化精神有很好的认知和理解，由此高校后勤文化建设自然而然就被烙上了校园文化的痕迹。

2. 培育了积极健康的价值理念

无论是从员工服务意识的培养还是对服务对象所产生的影响来讲，积极健康的文化价值理念都是不可或缺的，因为文化最容易在一定群体内引起共鸣并获得认同。所以，高校后勤在企业文化建设中注重构建一套包含企业宗旨、企业精神、企业发展目标等在内的价值理念体系，并通过有形的载体使之充分体现。诸如，在员工的培训过程中，高校后勤尤其注重培养员工甘于吃苦、勇于拼搏、乐于奉献的精神，形成团结互助、合作竞争的和谐工作氛围。事实表明，后勤工作者在各种急难险重任务面前所表现的"特别能吃苦、特别能战斗、特别能奉献"的大无畏精神，对于大学生群体所产生的影响是极为深远的。

（二）构建了较为完善的制度环境

高校后勤要真正担当起育人的职责，其关键就在于其宗旨、精神能否在生产经营活动中得到充分体现，这有赖于内部管理制度的强化。目前，高校后勤企业在服务质量管理、服务质量监督、服务考核考评以及服务执行操作等方面都初步形成了一系列行之有效的制度。

1. 导入了 ISO9000 质量管理体系

ISO9000 质量管理体系是一套国际质量标准认证体系，不少高校后勤均借助该体系的导入来规范生产经营服务活动的每一个环节，来强化某一项指令应该通过什么方式贯彻落实、某一道工序应该如何操作、某种行为应该如何被记录以及其成效该如何去验证等。更重要的是，通过体系的认证及审核工作，可以发现不少在生产经营服务中存在的一些深层次、普适性的问题，并及时地予以整改和纠正，强化了企业的内部管理。不少高校后勤还在此基础上导入了 HACCP 食品安全管理体系和"5S"现场管理体系，把好食品安全关，严格执行原材料的农药残留检测、菜肴 24 小时留样、服务人员二次更衣等规范，使得企业的内部管理水平提升到更高的层次。

2. 形成了内部质量监控体系

内部质量监控体系的构建在一定程度上与体系认证工作是密切相关的。质量监控的目的是保证后勤各项服务能够始终按照行业规范标准去执行。内控体系的构建，首先要有一个承担该功能的组织，大多高校后勤将该功能划入办公室或者单独成立监控部门来执行该功能。同时在下级部门构建二级、三级监控组织，形成"层层监控、全方位监控"的格局。为了使各项监控工作都能做到有章可循、有据可依，不少高校后勤都制定了监控工作条例，同时对企业的相关制度进行了进一步完善，使制度趋于健全。

3. 建立了内部考核评价机制

内部考核评价体系与质量监控体系、质量管理体系是息息相关的。内部考核评价体系包括诸多内容，监控检查结果、经济责任书、管理责任书、治安综合治理责任书、执行情况以及服务满意度测评等涉及生产经营服务各个层面的内容都包含其中，尤其是关于服务满意度指标的设定，将服务对象关于服务的评价直接与考核挂钩，对企业各部门育人功能的发挥起非常重要的强化作用。

4. 强化了内部执行操作程序

该程序是制度在实践层面的具体体现，主要包括强化规范服务和倡导优质服务两种表现形式。从规范服务方面看，高校后勤主要通过行业标准化建设来强化规范服务，即通过制定各行业的行为规范来统一员工的服务行为，明确服务所应达到的标准和要求，包括服务的形象、价格、态度、质量等各个方面。而优质服务，则是以规范服务为基础，却又高于规范服务的服务状态，也是高校后勤一直所提倡和期望达到的服务状态。大多数高校后勤都通过培训来强化员工的优质服务意识，推出"优质服务月""便民服务日"、微笑服务、倡导首问责任制等活动，来强化后勤在师生心目中的良好服务形象。通过规范优质的服务行为使得整个服务过程成为一种享受，并在此过程中产生共鸣，从而对服务对象产生一种潜移默化的影响，这就达到服务育人的目的了。

（三）形成了较和谐的育人氛围

1. 以强化素质教育为抓手，营造内部的育人氛围

对于一般企业而言，其最直接与顾客接触的层面往往是销售层面；而对于高校后勤而言，最直接与被服务者接触的层面就是服务层面，也就是我们通常所说的一线服务窗口和岗位，企业的管理层与师生之间的接触相对而言是比较少的。育人先要育己，可以这么说，高校后勤服务育人功能发挥的作用如何，关键在于是否具有一支综合素质高、育人意识强的员工队伍。如果员工队伍的整体素质低下，他们就根本不可能理解服务育人的真正内涵，也不可能在服务工作中牢记服务育人职责，甚至还会对育人起反作用。服务是不可储存的，一次失败的服务所造成的恶劣影响，可能一百次成功的服务都无法挽回。所以，几乎所有的高校后勤都将员工队伍建设作为一项非常重要的任务常抓不懈。而在员工队伍建设过程中，最主要的就是服务意识的培养和服务技巧的提高。

很多高校后勤企业通过开展"创建学习型组织，争做知识型职工"活动，在内部营造良好的学习氛围，并为员工规划职业生涯，使每个员工都有明确的发展目标；同时开展评优评先活动，激发员工争当典型、

模范的原动力。加大员工培训力度，通过开展岗前培训、在职进修、素质拓展、外派锻炼、岗位技能比武等活动，在企业内形成"比、学、赶、帮、超"的良好氛围。有些企业还成立了职工培训学校，每年制订培训计划，定期开课为员工进行辅导，课程内容涉及文化知识、企业文化、操作技能、服务技巧等，同时辅之以必要的考试或考核手段，强化员工对所学知识的记忆和应用，从而在整体上提高了员工队伍的综合素质。

事实证明，员工个体良好的品德素质确实能对大学生群体产生一定的感召作用，这也是被实践所证明的、符合后勤实际的有效途径，可以简单地用三个词语来概括：关爱、奉献、好人好事。所谓关爱，就是指后勤工作者在服务工作中能真正做到将大学生视作自己的子女，在平时的生活中给予他们无微不至的关怀，使他们感动。从个体情感角度来讲，这其实就是一种"人之常情"，也就是通常所谓的"投之以桃，报之以李"。所谓奉献，就是指后勤员工在各种危急关头所表现的拼搏奉献精神，使大学生崇敬。比如，在抗洪、抗雪等危急关头，后勤员工总是冲锋在前、吃苦在前，这种轰轰烈烈的场景让满腔热血的学子们深受感染。所谓好人好事，就是指后勤员工通过自己所做的好人好事，使大学生感动。可以说，后勤员工所做的好人好事是屡见不鲜的，后勤企业也经常收到大学生写来的感谢信，其中最多的就是拾金不昧的好人好事。在食堂、教室等各个公共场所，后勤的员工会经常捡到学生丢失的钱包、手机等贵重物品，而这些员工大多会将捡到的东西如数交还给学生，或者交给有关部门处理。

2. 以搭建沟通桥梁为手段，发挥育人积极功效

很多事情，如果不身临其境，就很难体会其中所蕴含的各种深刻含义。同样，对于后勤工作，如果未曾经历过，或者说未做深层次的了

解，是难以理解其中的酸甜苦辣的。更何况对于当代大学生而言，不少人从小到大都是处于一种舒适的环境之中，根本无法体会后勤工作的艰辛。只有让他们对后勤工作有一个比较全面透彻的了解，才能最终赢得他们对后勤工作的理解和支持，从而发挥育人的积极功效。

因此，不少高校后勤都极为重视对外宣传工作。几乎所有的高校后勤都创办了自己的网站，对企业进行全面的宣传。为了吸引大学生浏览后勤网站，不少后勤企业还在网站上开辟了报修、订餐、投诉、商城等便利服务项目，有些还开辟了论坛，与大学生进行对话交流。一些后勤企业还创办了自己的报纸，定期编印出版分发到每一个学生寝室，扩大宣传面。同时，对于后勤服务工作中所涌现的先进、典型人物，后勤企业往往会对他们的事迹进行重点宣传，一方面用以激励员工向他们学习，另一方面是希望以此达到"用先进事迹感染学生"的效果，扩大后勤企业在大学生群体中的积极影响作用。与此同时，后勤企业还积极拓宽宣传渠道，提高宣传力度，诸如借助校网、校报、社会媒体等媒介来宣传后勤，尽可能使更多的人有机会了解后勤。此外，高校后勤还会开展互动活动，如有些后勤企业邀请大学生代表直接到后勤岗位体验生活，参观后勤部分物资的供应基地，参观餐饮的采购和加工流程，参加后勤大宗物资招标会，聘请大学生作为后勤的义务监督员等，使他们对后勤工作有更深切的了解。有的后勤企业还会时不时开展一些富有趣味性的活动，诸如美食节、大学生厨艺大赛、新生寝室设计大赛、趣味运动会等，使双方在互动过程中增进感情。

二、服务对象的特征分析

任何服务都有其特定的服务对象，高校后勤工作也是如此。高校后勤服务的对象是在校的本科生、研究生、留学生及教职工，其中大学生占绝大多数，是后勤最主要的服务对象。后勤的服务和育人工作要想取得最优效果，必须做到有的放矢，加强针对性。这就要求后勤工作者要充分了解和认识服务对象的基本特征，准确把握他们的思想脉搏，并按照其心理发展规律去引导他们处理实际问题，促使他们沿着正确道路健康成长，最终成为建设我国社会主义事业的栋梁之材。

群体也可被称为团体，是人们通过某种社会关系联结起来的进行共同活动和感情交流的集合体。群体成员之间有一定的共同目的，彼此之间相互作用，并具有感情联系。正是由于群体成员之间存在共性，因此，要全面了解大学生的特征，首先应从群体特征入手，对大学生有整体认识。

大学生群体是青年当中最重要和最特殊的群体，有着与其他社会群体不同的属性和特征，主要表现在以下几个方面：

（一）大学生群体是高文化水平的群体

相对于其他群体，大学群体最明显的特征就是其具有较高的文化水平。有青年研究者把大学生定义文化程度以"大学"为标志，是受过专业训练并在德育方面有较高修养、在实际能力方面有较多灵活性的青年。他们不仅基本达到了生理和心理方面的成熟，而且已经具备了进入一般社会领域的前提条件，正在走向社会成熟。所谓社会成熟，不仅要求社会成员达到职业成熟，具备特定社会实践领域的知识、经验、技能和技巧，而且要求其达到道德、思想和政治等各方面的成熟。很显然，大学生还没有达到真正的社会成熟，在生理和心理方面的成熟也还仅仅是基本和初步的。但是，由于他们文化程度较高，在拥有知识的广度和深度以及思维的敏捷和能力等方面有较大的优越性，因此，从某种程度上说，他们具备了比学历较低的青年更易成熟的条件。大学生的这一特征一方面使得后勤的育人工作较易被接受，另一方面又对育人主体自身的素质和服务水平提出了更高的要求。

（二）大学生群体是高敏感性的群体

大学生朝气蓬勃、充满热情，容易接受新事物，同时又关注国家兴衰、民族强弱和社会发展。所以，他们比一般人更容易体察时代的变化，能够较早地同时代精神产生共鸣，能够较快地对社会问题做出反应。但是，敏感性不等于准确性。他们由于涉世未深，有些知识没有真正地消化理解，加上自身思想并不完全成熟，所以还不能准确地把握时代精神和社会问题的实质。再加上他们存在轻信、从众等心理弱点，往往容易受错误思潮的影响做出偏激的行为。大学生的高敏感性要求教育工作者密切关注他们的思想动态，及时正确地加以引导，避免他们因迷失方向而产生过激行为。

（三）大学生群体是高参与性的群体

大学时代是人接受社会影响和学校教育的时期。在这个时期，大学生们并不是被动和消极地接受学校教育，等待社会的影响，更不是社会生活的旁观者。他们在参与社会生活方面有极大的兴趣和积极性，在接受学校教育和社会影响的同时，又反过来以极大的热情参与社会生活。当然，由于大学生群体没有独立的经济基础和社会职业，也较少参加社会生产和生活实践，因而其思想主要不是来源于自身和生活体验，而是来源于书本知识、社会思潮和周围环境的影响与熏陶。我们可以充分地运用大学生参与实践的积极性，对其进行多方位的引导和教育。

（四）大学生群体是高互动性的群体

大学生活属于集体生活，从衣食住行到学习娱乐，大学生的日常生活都离不开这个集体。大学生的这种有别于其他社会群体的生活方式，不仅为其群体成员之间的互动提供了组织条件，同时为群体意识的形成提供了环境条件。他们容易在思想上互相认同，在行为上互相模仿，特别在涉及共同利益和共同要求的时候往往互相激励、互相支持，进而通过这种互动作用导致一定规模的群体行为。大学生的这种群体成员之间相互影响、相互作用而形成的比较统一的群体行为，就是他们互动性特点的具体表现。在正确思想的指引下，接受反映社会矛盾和社会变革的进步思潮影响，大学生群体互动所形成的进步群体意识和行为，将会对社会进步起积极的推动作用。但在错误思想的引导下，接受错误社会思潮的影响，或受某一突发事件的刺激而形成的大学生群体互动，就会产生偏离事实和其初衷的过激行为，这无疑会对校园和谐和社会安定起消极作用。因此，对大学生群体成员的互动性不能一概否定，也不能一概肯定，而是应该对其进行正确的引导，使之成为促进自身发展的积极因素。

第三节　服务育人实施路径

服务育人的机制包含很多构成要素，它既有实施服务育人的内在原因及内部要素，又有外部的作用方式及表现形态。高校后勤实施服务育人的基础及保障是服务育人机制的内部要素。当我们拥有了一支强有力、高素质的后勤队伍，一套高效、有序的管理体系后，通过何种途径去达到服务育人的最终目标，在众多服务育人途径中如何进行有效的结合去达到育人的最佳功效，就成为摆在我们面前亟待解决的重点问题。

一、高校后勤服务育人的目标与途径的选择

在高校的育人体系中，高校后勤服务育人的目标是什么？当代大学生究竟需要培育哪些品质？什么样的育人途径更容易被大学生所接受？只有对这些问题进行深入透彻的分析，我们寻求的育人途径才会清晰地显现。

第一，高校后勤服务育人的目标是什么？

高校后勤服务育人是高校培养全面发展的大学生系统中的一个重要的分支系统，是大学生素质教育的重要补充。在学校培养德、智、体、美、劳全面发展和知识、能力、素质综合协调发展的，适应未来社会需要的高级专门人才的系统工程中，后勤同样承担着重要的育人责任和历史使命。近年来，后勤通过自身的努力，在实现不断发展和壮大的过程中，为师生提供了优质高效的后勤保障服务，而在高校育人工作中再立新功也成为越来越多的后勤企业的追求目标。目标的实现依赖一定的途径，途径是提出能实现目标的现实条件，又是保证目标得以实现的现实

力量。合理的途径必须且一定是紧密围绕目标来设定的。

当今时代，社会需要的是全面的综合性高素质人才，不仅需要有高智商，更需要具备独立解决问题的能力、与他人合作的能力、处理问题的应变能力、持续性学习的能力、自我激励的能力和自我提升的能力等。培养全面发展的专业人才是高等教育的目标，而全面推进大学生素质教育则是高校实现目标的途径。大学生素质教育包括四个方面：思想道德素质、文化素质、业务素质和身体心理素质。实施素质教育，就是以德育教育为核心，以培养学生创新精神和实践能力为重点，就是把德育、智育、体育、美育有机地统一在教育活动的各个环节。也就是说，学校的教育不仅要抓好智育，更要重视德育，还要加强体育、美育和社会实践的教育，使这几方面相互渗透、协调发展，促进学生全面发展和健康成长。但是，这些素质并不是靠单一的课堂教育所能培养出来的，大学生在校期间，除在教室接受老师教育外，其余时间大部分的行为活动都与后勤工作息息相关。在这期间，老师以及学生工作管理人员不可能抽出更多的时间去弥补在课堂之外的这一教育真空地带，而后勤的服务育人恰恰是填补这一空白的有力手段。

随着高等教育不断向大众化阶段推进，高校后勤改革持续深入，高校后勤服务育人的途径愈来愈呈现多样化的态势，不管是后勤提供的优质服务、优美环境，还是后勤员工的朴实品质、规范化服务，抑或是指导学生进行的劳动体验、职业实践等都是服务育人的有效手段。事实上，在我们对高校后勤服务育人的现状分析中也不难看出，高校后勤已经在自觉或不自觉地通过各种手段行使服务育人的职责，后勤工作者也在积极地规范自身的行为，力求通过优秀的品德素养发挥"身教"的作用，这些努力在一定程度上发挥了一些积极的影响。

第二，当代大学生究竟需要培育哪些品质？

　　前文提及，大学生的综合素质主要包括四个方面：思想道德素质、文化素质、业务素质和身体心理素质。思想道德素质包括政治素质、事业心和责任感、艰苦奋斗精神和务实作风等方面；文化素质包括知识、能力、方法、仪态等，它是知识和能力的综合，表现为良好的现代科学文化素质，运用知识的方法和能力；业务素质要求做到博、专、精、特、思，以及具有创造性意识、科技创新能力和实践动手能力；身体心理素质是指拥有健康的体魄、良好的身体素质，能正确评价自我，胸襟开阔，豁达大度，积极乐观，坚韧不拔，有自信心及心理调适能力。

　　由此可见，高校后勤服务育人途径的实施必须满足服务育人的全方位目标，要积极发挥服务育人多角度的功能，从强化大学生思想道德素质、文化素质、业务素质、身体心理素质等综合素质着手。通过仔细观察和认真分析，我们不难发现，打造优美的校园环境能够陶冶学生的情操，净化学生的心灵，促进学生树立正确的世界观、人生观、价值观；后勤工作者的工作态度、工作作风、工作技能、精神风貌等行为方式可以潜移默化地影响、教育学生，促进学生良好行为和道德素养的养成；后勤组织学生开展劳动实践、提供勤工助学岗位等体验式的互动能够培养学生的实践能力、创新能力和就业能力；后勤工作者给予学生亲人般的爱、亲情式的服务，以爱育人、以情感人，能够让学生体会爱、感悟爱，培养学生健全的人格和充满爱的心灵。这些正是服务育人对提升大学生综合素质的有力手段。

　　第三，什么样的育人途径更容易被大学生所接受？

　　高校后勤服务育人的活动是服务者与大学生双方的共同活动，只有引起学生的思想共鸣，在内心上接受后勤服务的育人才能达到服务育人的目的，否则服务者的一切育人行为都将成为空谈。因此，服务育人途径的实施必须考虑大学生更愿意接受什么样的育人途径。大学生是一个特定的社会群体，是青年当中重要、特殊的群体，他们文化知识丰富，心理敏感性高，自我意识逐渐成熟。而我们的后勤员工文化水平相对较低，如果用"说教"的育人方式，大学生不仅不愿意听，更不愿意接受文化知识水平与其相差甚远的后勤员工的教育。因此，后勤的服务育人必须借助"身教"的途径，并且要潜移默化、大象无形地去影响、教育学生。环境、行为、体验、大爱的育人方式综合考虑了大学生的特殊性，是大学生乐于接受的育人途径，是一个遵循由浅层到深层、由低级到高级、由惠及大众到照顾个体的育人体系。我们称之为环境育人、行为育人、体验育人、大爱育人的"四结合"育人途径。

二、"四结合"育人途径的内容

一是环境育人。环境就是指环绕人群的空间，以及其中可以直接或间接影响人类生活和发展的各种自然因素和社会因素的总称。高校校园环境由物理环境和心理环境构成。前者主要指校园建筑、设施、花草树木等自然景观，后者主要指校风、学风、教风，以及各类文化艺术活动氛围等人文因素。高校后勤创造一个优美、整洁、文明、安静的校园环境，一方面体现校园风貌，另一方面也是对学生进行文明道德和热爱祖国、热爱集体的教育需要。同时，良好的校园环境可以使人心情舒畅，产生一种奋发向上、昂扬进取的积极精神，潜移默化、润物无声地作用于师生员工，塑造着师生员工的良好心态和美好的心灵，提高着学校的教育效果及师生员工的学习效率和生活质量。

二是行为育人。行为一般指人的有意识、有目的的社会活动，是人与环境相互作用的产物和表现。高校后勤的工作过程，就是后勤职工与服务对象的交往过程。在高校后勤的工作过程中，后勤工作者展示热情、周到、文明、礼貌的服务言行，通过优质服务的行为过程影响、教育学生，使学生从中受到有益的熏陶和教育，从而达到育人的目的。

三是体验育人。体验以亲身经历、实践活动为基础，是对经历、实践和感受、认知和经验的升华。事实上，体验服务育人的过程就是高校后勤与服务对象不断互动、不断沟通，并对彼此产生正面意义影响的过程。在高校后勤服务过程中，可以采取灵活多样的方式让学生参与管理与服务，产生体验经历，增长其才干和实际工作能力。一是参与劳动育人，组织学生进行劳动体验，参加帮厨、清扫校园、植树等公益劳动，让学生在劳动中体味服务工作的艰辛，体味劳动者的伟大，感悟做人做事的道理。二是参与管理育人，指导学生建立与后勤服务密切相关的学生社团组织，鼓励支持学生参加服务、管理、监督等工作环节。如学生伙食管理委员会、宿舍管理委员会、文明纠察队，或者聘请一批学生作为后勤服务的督察信息员，反馈服务情况，督查服务质量，让学生在自我服务、自我管理、自我教育中增进对后勤工作的了解，培养正确的利益观、价值观，增进责任感，思想得到升华，综合素质得到提高。三是职业锻炼育人，扩大学生勤工助学岗位，为贫困学生和其他类别的学生提供勤工助学岗位，有些岗位含有一定技术含量，这就能让学生在参与服务活动中把理论和实践、感性认识和理性认识、直接经验和间接经验结合起来，丰富了学生的知识，训练了思维，锻炼了实际动手能力。以上这些就是体验育人形式的一些列举及其意义所在。

四是大爱育人。大爱是人对人的自身价值、前途和命运的自觉持久的关爱精神和高度负责行为的统一，是主体对客体在行为上的高度负责。陶行知先生曾说："爱是一种伟大的力量，没有爱就没有教育。"爱是教育的灵魂和生命，教育的最有效手段就是"爱的教育"。在和谐社会建设中，大爱育人要求高校后勤在服务过程中用大爱无疆的热情和海纳百川的胸怀编织一个真诚、无私、和谐的文化环境，营造宽容、关心、爱护的文化氛围，并且通过后勤工作者细致入微的服务和博爱宽容的关爱去引导学生热爱学习、热爱生活、关爱他人，使学生成为一个全心全意为社会服务的人，成为一个明辨荣辱、富有爱心与责任感的社会主义事业的合格建设者和可靠接班人。

第五章　高校后勤工作社会化

第一节　高校后勤工作社会化的基本理论

一、后勤和高校后勤

"后勤"一词源于军队，原义是指给予军队提供物资和提供技术应用的体系，即对后方勤务的简称。目前所讲的"后勤"通常情况下是指组织在正常运转的情况下，所提供的必要的服务和管理等工作。高校是服务和教育同时进行的组织形式，在培养学生的同时进行科学研究，而高校后勤是指在学校进行科学研究和教书育人的同时提供物质保障，为生产服务和校内人员提供日常生活服务的保障部门。后勤是高校的运行保障，将现代高校的后勤工作进行划分，后勤职责见表5-1。

表5-1　后勤职责介绍

类型	简介
楼宇服务	负责学生和教师宿舍、学生教学楼、老师家属楼、学校内运动场地等公共区域的卫生、水电情况，日常供应以及安全情况
餐饮服务	学生和教师食堂以及一些校内组织的大型宴席活动
交通服务	校内职工上下班所坐的校车和举办校外活动时所需的车辆

续表

类型	简介
宾馆服务	学校内部宾馆，只为校内来宾服务
商贸服务	因满足校内师生日常生活中所需的必要商品而建立的超市
环境服务	负责校园内绿植的养护工作和校园内生态环境的维护
医疗服务	为校内员工和校内学生提供日常简单的疾病治疗和防疫等服务
幼教服务	满足校内职工适龄子女就近入学的需求

二、社会化和高校后勤社会化

（一）社会化

社会化是除高校以外的社会组织单元的运营体系，比如一些大型企业、政府部门和一些社会自发组织等，其能够为市场供求关系明确方向。

（二）高校后勤社会化

在 1985 年所颁布的《中共中央关于教育体制改革的决定》中，首次提出高校后勤社会化的概念："高校后勤服务工作的改革，对实现高等教育顺利改革具有积极推动作用，而社会化是后勤改革的目标。"高校后勤社会化，是指高校后勤工作在持续发展的过程中，通过与市场经济的结合，构建出符合我国高等教育的需求，同时与社会发展相匹配的模式，在社会化的进程中，兼顾经济效益和社会效益双重提升。高校后勤社会化主要可以分成三部分，即经济行为的市场化、实施模式的自主化、组织管理的企业化。

1. 经济行为的市场化

市场的供求关系影响市场经济的走向，是市场经济的动力源泉。高校后勤经济行为的市场化也需要向实际市场的供求关系靠拢，将校内师生在工作、学习和日常生活中的供求关系看作基本的市场供求关系，以高校本身的运营盈利为评判准则，满足校园内的供给，促进高校本身的发展，完成高校的内外建设。

2. 实施模式的自主化

高校内的供求关系和真正市场上的不同也导致了高校后勤工作差别于其他后勤工作，这就要求高校后勤必须根据自身的发展情况进行改革与发展。高校后勤作为高校运行的保障，在日常工作管理中必须做到有理有据，并且根据自身情况进行适应性的工作展开。实施模式自主化就是要将高校后勤从高校教学和高校科研中分离出来，建立自我管理、自负盈亏、自我发展的运营管理体系。

3. 组织管理的企业化

在实际高校教育和科研工作进行时，通常会有政府性组织参与进来，对于高校中的后勤管理部门来说，构建完善的组织管理机构企业化就成了后勤工作中的重要任务。需要注意的是，在构建组织管理企业化的过程中，必须以服务高校为核心，从战略角度出发，匹配校内资源、树立高校品牌，并积极完善高校后勤的职权规划以及人员任用制度等。

三、高校后勤社会化的特点

高校后勤社会化服务是在市场经济条件下形成的社会分工。其形成和发展主要有三个特点：

① 高校后勤服务的商品化。高校后勤服务作为市场经济中的一种商品，产品和服务的提供者不再局限于校园，其生产目的也不再仅是为了满足自身的生产生活需要，而是以参与社会经济活动为根本目的。后勤服务商品化可以最大限度地利用社会资源来提高高校后勤服务的水平和能力，使高校后勤服务活力得到有效释放，为高校后勤服务企业开辟更为广阔的发展空间。

② 高校后勤的企业化。在高校后勤服务社会化过程当中，传统的

"事业型"后勤组织机构要脱离高校这个母体，转变为社会化企业，要使后勤服务生产者成为市场经济主体。后勤服务企业与高校之间的联系不再是传统的领导与被领导的行政隶属关系，而是契约式的联系。高校后勤服务企业虽然依附于高校，但并不隶属于高校，在法律地位上它们是平等的，享有同等的民事权利。将高校后勤系统从学校序列中整体剥离出来，按照"政企分开、产权清晰、权责明确、管理科学"的原则组建企业化组织，请职业经理人负责高校后勤企业的生产经营活动。通过转换后勤服务企业的经营机制，真正深化高校后勤服务体制改革。

③ 资源配置的市场化。用社会资金兴建学生公寓和餐厅，提升高校后勤服务能力的做法，是高校后勤社会化改革的基本方法。利用市场机制吸引社会资金办后勤，是高校后勤社会化改革的成功经验。目前，我国许多高校基本实现了学生膳食和住宿的社会化，极大地改善了高校的基础办学条件，促进了后勤生产经营方式向专业化和集团化转变。

四、高校后勤社会化改革的意义

高校后勤社会化改革是我国高等教育改革的一项重要内容，是克服高校面临的瓶颈制约、加快我国高等教育发展的必由之路。高校后勤的社会化对于高等教育适应市场经济的发展、高校办学模式的转变、高校后勤服务质量的提升都有非常重要的意义。

（一）有助于高等教育适应市场经济规律的要求

对高校后勤实行社会化改革，是为了突破原有的自我封闭、自我服务的后勤工作模式，构建适应社会经济发展的、优势互补的开放式新后勤服务体系，进一步增强高校适应市场经济运行规律的能力，使高校后勤能够适应生产关系与生产方式变革的基本要求，实现后勤服务由计划经济体制向市场经济体制的根本性转变。

（二）有助于高校的发展和教学质量的提高

高校的基本功能是人才培养、知识创新和社会服务，同样高校后勤服务也具有育人的功能。高校后勤社会化改革实现了办学模式的根本性变革，减轻了高校后勤的工作压力，突破了后勤的瓶颈制约，使学校能够放下包袱，集中精力与资金搞好教学与科研工作，提高人才培养的规格、质量、水平与办学效益。改革的顺利实施，最终将促进高校的发展和教育事业综合实力的提高。

（三）有助于后勤服务质量与服务水平的提高

对高校后勤进行社会化改革，有助于实现高校后勤资源的优化配置，通过有序地引入资金和社会力量参与后勤服务，形成竞争机制，从而促进高校后勤服务质量、规模、水平与效益的不断扩大和提高，使广大师生员工享受到更好的后勤服务。

（四）有助于节约交易成本，实现规模经济

随着我国市场经济的发展与完善，经济结构和产业结构得到了有效调整，社会第三产业发展迅速，在计划经济体制下的扭曲的宏观环境得到了矫正，市场交易方式得到确立，各要素之间自由流动，价格机制充分发挥作用，准确地反映了供给与需求的关系。在这种经济环境下，学校通过与外部市场交易去获得所需要的服务不但相对容易，而且交易成本也会大大降低。此外，通过社会化改革，将原来由学校自办的后勤服务工作交给社会力量去办，不但可以解决高校资金紧张的问题，也可以有效提高高校后勤资源的配置效率，实现规模经济。

综上所述，高校后勤社会化的提出，为高校后勤的发展指明了方向，它既是社会主义市场经济体制发展的必然趋势，又是适应国家经济体制和教育体制同步改革的可行性措施，同时也是社会生产力提高和社会进步的必然结果。因此，高校后勤社会化改革是大势所趋，改革的初

衷和方向没有错，我们应该将改革继续深入下去。

五、高校后勤社会化改革模式

目前我国高校后勤社会化改革形成的模式主要有四种：补偿模式、社会服务模式、联办模式和契约管理模式。因为高校后勤社会化改革是一项全新的事业，各个高校没有现成的模式和前人的经验可以照抄照搬，这四种模式是相关人员根据学校自身的规模和所在城市的发展情况等多种因素探索而来的。

（一）补偿模式

补偿模式是指由地方政府或企业为学校建学生公寓、食堂或为学校提供一定的基建资金，而学校为地方政府或企业培养一定数量毕业生的模式。在这种模式下，学校不再直接办后勤，凡为适应学校发展而增建、改建的生活后勤服务设施，均由后勤服务集团和社会力量运用新的机制进行建设、经营和管理。届时，学校领导将从沉重的后勤工作负担中解脱出来，集中精力抓好学校的教学与科研、改革与发展。通过深化改革，转换机制，减员增效，提升后勤自身经济实力，实现后勤人员经费全部自给以减轻学校负担的目标。

（二）社会服务模式

社会服务模式是由社会上的企业为学校承建或装修学生宿舍、学生食堂，学校再将其租给学生使用的模式。现在许多高校因为扩招，学生宿舍不够，就采用这种模式，由外单位将一些闲置的房子装修成学生宿舍，供学校使用，外单位收取租金。这种模式下，甲乙方签订了固定资产租赁使用协议，均按所有权和经营权分离的原则，制定了固定资产折旧的提取标准和返还额度，根据后勤资产的不同性质和用途，确定了不同的租金标准。采用这种模式的学校普遍在财务体制上完成了后勤运行经费的测算和确定，成本核算机制初步实行。一些学校还实现了全成本核算，做到将拨款服务变为收费服务，初步建立了合同制约的甲乙方关系，建立起新的后勤管理体制和运行机制。这些学校的后勤服务规章制度健全、职责明确、实用可行。改革后服务设施和校园环境得到了明显改善，服务水平不断提高，师生满意度上升。据一些学校领导反映，改革后因后勤的事来找校长的人大大减少，学校领导对后勤省心和放心，能够腾出更多的精力抓教学、科研。

（三）联办模式

联办模式即高校与高校之间联合办后勤，成立后勤集团的模式。集团肩负着师生员工的饮食、学生公寓的服务管理工作。学校根据事企分开、科学管理的原则，使后勤集团逐步成为自主经营、独立核算、自负盈亏、走向社会、竞争市场的经济实体。同时，学校设立精干的后勤行政管理"小机关"，用经济手段、行政监督和民主管理等办法，对后勤经济实体进行监控，使后勤保障工作得以健康发展。后勤集团实行以合同为规范的有偿服务，在占领校内市场的基础上，充分利用自身的优势和特长向社会提供服务。同时逐步理顺关系，建立后勤经济核算、收费服务的办法和价格管理体系。后勤集团实行企业化的管理，建立以聘用制为核心的新型用工制度。后勤集团内部推行"干部管理目标责任制"和"职工全员聘用制"，并按照"效益优先、兼顾公平"的原则，建立充满生机和活力的用人机制和薪酬激励机制，充分调动广大后勤干部职工的工作积极性，以自身的优质服务取得学校师生的理解和支持。

（四）契约管理模式

契约管理模式即高校与从其内部分离出来的服务实体签订合约，使学校对后勤工作从直接管理变成契约管理的模式。这种模式通过对学校后勤的改组、改制，形成产权明晰、自主经营、自负盈亏、自我发展、自我约束的有教育属性的社会化后勤产业，同时依托社会力量、调动社会资源为学校承担和提供后勤服务，构建多元化的满足学校办学需要的后勤服务保障体系。首先，在产权制度方面，盘清资产，完成对后勤现有资产的清理、登记和简易评估，明晰资产所有权、使用权和资产管理、保值责任。其次，在运行机制方面，逐步将拨款制过渡为服务收费制，建立健全后勤经济核算、收费的管理办法和价格管理体系，并适度引入社会力量参与竞争，逐步建立竞争机制。在完成现有后勤资产规范剥离后，进行后勤集团公司注册登记的准备工作，争取后勤集团公司初步实现准企业化管理与运行，后勤全体人员由学校事业编制转变为企业编制。最后，在后勤集团公司注册登记成为独立法人实体之后，完成后勤集团公司与学校的剥离，按企业化模式管理与运行。后勤集团公司立足于校内市场，辐射社会，参与竞争，在政府推动下，以联办、股份合作等形式进入区域性后勤服务集团。这样一来，学校后勤将拨款制过渡为服务收费制，建立靠市场驱动的服务商品交换机制，并逐步引入市场竞争机制，推动学校的后勤服务工作逐步实现契约管理。

六、我国高校后勤社会化改革的发展方向

（一）社会化方向发展

学校后勤社会化，其实质是要实现我国学校办学模式的转变，转变计划经济条件下"一校一户办后勤"的局面，使后勤适应市场经济的要求，建立一种新型的既按市场规律运作，又具有教育特点的后勤保障体系。中华人民共和国教育部（以下简称教育部）领导曾指出，学校后勤社会化从本质上讲，是计划经济向社会主义市场经济转变在学校领域的具体体现。高校后勤改革的最终目标就是实现社会化。

随着我国社会主义市场经济的建立和不断完善，社会经济发展的客

观规律要求学校教育必须适应社会发展的新要求，这些新要求主要体现为：第一，学校教育作为社会的有机组成部分，要求学校的后勤管理和服务必须走社会化的道路，学校后勤只有与社会的企业相结合才会具有一定的经济效益和社会效益，这就需要实现学校后勤工作的社会化。第二，规模经济理论要求打破单一的"小而全"的校办后勤的模式，应当综合利用社会和各学校的资源，走集约化、规模化经营的道路，降低管理与服务的成本，进一步提高经济效益。第三，学校教育作为一种产业，一方面包括校办产业和后勤服务的产业化，另一方面是教育需求的产业化和产业成果的市场化。后勤服务具有产业的性质，需要用企业化的手段来管理。发展教育产业，要求我们充分认识后勤服务的产业属性，积极借鉴经济领域或其他社会领域改革的有益经验，抓住机遇，大胆实践，敢于突破。

（二）独立化方向发展

高校在适时组建后勤公司或集团后，普遍探索引进现代企业制度，深化后勤企业内部运行机制改革，将学校后勤从学校中独立出来。首先，从用工制度入手，坚持任人唯贤、平等竞争的原则，打破干部与工人间的身份界限和岗位界限，在企业、实体内部实行全员聘任制和劳动合同制，组建起一支精干、高效、务实的企业管理队伍。一些实体还探索了分配制度的改革，改变了过去按工龄长短计算工资报酬的方式，变人头工资为服务收费，执行同工同酬、多劳多得、不劳不得的分配制度，强化了工资固有的激励属性。其次，各高校通过建立健全后勤经济核算、收费服务制度，完善了各类收费价格体系，严格规范合同文书，依法履行合同条款。多数高校后勤实体确立了独立的企业财务制度，实行单独核算，在严格执行财务制度的基础上，切实加强预算和决算管理，降低经营成本，提高管理水平和经营效益。

高校后勤实体企业化转制工作涉及面较广，操作起来也很复杂。为此，要坚持因校制宜的原则，根据后勤实体自身的实力，采用分步实施的方式，条件成熟一个，就企业化转制一个、注册一个。目前，以北华大学为代表的几所高校，已将学校后勤集团注册为独立法人企业，以吉林大学为代表的部分高校，已将总公司中条件成熟的子公司先行推向市场，并组建了董事会作为公司最高权力机构，按照《公司法》的要求进行企业经营，按照这个方向，积极稳妥地将高校后勤逐步引入社会，成为独立的企业，最终融入社会第三产业。

（三）公共化方向发展

高校后勤应是一种非营利组织，所以高校后勤也应该像医院等公共组织一样向公共化方向发展。高校后勤社会化改革的主要目的是实现高校后勤管理模式和运行机制的根本转变。从长远来讲，后勤要从学校事业管理体系中分离出来，通过分流和重组，纳入社会主义市场经济体制，剥离学校办社会的职能，建立由政府主导、社会承办、学校选择的满足学校办学需要的社会化的后勤第三产业和社区服务体系。要遵循社会主义市场经济的规律，按照产业运作的方式，实现资源的合理配置和集约化，把原来属于事业型福利化的学校后勤，发展成为相对独立的教育产业。后勤社会化是一个逐步实施的过程。改革后勤管理体制，就是要按照管理职能把后勤管理部门和经营服务部门分开，也就是把经营权和所有权分离，实现"小机关、多实体、大服务"的体制。

第二节　高校后勤工作社会化的主要模式

一、我国高校后勤工作社会化模式的主要类型

我国高校后勤工作社会化的模式主要有以下几种类型：

（一）小机关大实体

主导原则：事企分离，管理明确，对等互制，独立核算，自负盈亏。

基本内容：其实质是事企分开的高校后勤服务体系。"小机关"是在原总务处的基础上按照优化、精简、高效的原则，将后勤系统的处、科、室重新组合，紧缩重组设立的后勤处。"大实体"是将全校的后勤资源从学校本体中分离出来，成立的后勤服务中心（或集团）。后勤处，即甲方，履行学校后勤行政管理职能，从宏观层面统一组织协调各类后勤资源，代表学校监督后勤集团的服务质量，制定并审核经济指标。后勤服务中心，即乙方，须承担学校的后勤服务与保障工作，按照甲方审定的服务范围与收费标准，参照现代化企业运营制度相对独立地运行。

支撑条件：小机关与大实体之间真正实现剥离，破除两者之间领导与被领导、管理与被管理的观念。小机关不再依托高校本体，大实体只负有处理、协调各方关系的职能。

（二）小机关多实体

主导原则：事企分离，归口单一，风险分担，自主经营，自负盈亏。

基本内容：其实质也是事企分开的高校后勤服务体系。"多实体"即将原学校后勤统一管理的部门，按照工作性质、职能类别转变为多个实体，如餐饮服务中心（或公司）、物业服务中心（或公司）、维修服务中

心（或公司）等。各实体在后勤处的统一领导与管理下全面负责学校的后勤服务与保障工作。

支撑条件：所有权与经营权分离，减少管理对接，妥善制定行政编制、合同制用人的人事制度。

（三）校际联办

主导原则：统筹服务，项目分组，统一结算，持股分红，资源共享。

基本内容：在高校较为集中的城市或区域，由若干所高校联合起来，以连锁、联营等方式形成完善的后勤服务产业网络，统一为各高校提供后勤服务。此举打破了"一校一户办后勤"的局面，在面对社会中大量的商品资源和高校庞大的生产、生活消费市场时，校际联合有利于产生规模效益。

支撑条件：联办高校需共同承担投资经费，避免重复建设。在改变原有封闭型后勤服务体系的同时，注重建立行业管理标准和细则，引入市场竞争机制，防止垄断发生。

（四）区域联办

主导原则：独立经营，协调发展，资产重组，优化整合，规模效益。

基本内容：在某一地域范围，集中对高校后勤服务进行统筹，将后勤资源进行优化组合，由教育主管部门协调组建独立于高校之外的具有法人资格的公司，面向域内每个高校进行服务，符合"政府主导、社会参与、高校联办"的社会化目标。

支撑条件：面向域内高校开展的服务，在经营规模、企业竞争力方面都要比校际联办更具优势。最大化地发挥规模效益，才能体现区域内协调指挥作用，使处于终端的消费者受益，同时扩大后勤整体实力。

（五）校企合作

主导原则：自主选择，联建联办，资源互补，分类指导，整体推进。

基本内容：高校在政府给予宏观统筹、政策支持的基础上吸引社会力量办后勤，利用优质资源整合、稀缺资源外取的策略，与第三产业保持密切联系，分行业逐步实现社会化。通过市场竞标选择社会后勤服务，利用市场竞争机制保障后勤运作质量，建立独立于教育体系之外的集社会化、公益性、市场化等特点于一体的后勤运作服务体系。

支撑条件：高校在面对市场众多服务力量时，政府及相关单位应给予高校更多的配套支持，为高校后勤改革营造良好的外部环境，使之推广改革行之有效。此外，这种运作模式应建立在高校与社会行业之间充分而全面的沟通与了解的情况下。

（六）社会承办

主导原则：社会参与，资源补给，资金支持，迅速高效。

基本内容：社会承办模式有两种途径，一是诸如学生公寓、教学楼等基础设施建设，高校将其交由具有资质的开发商完成，高校可以履行监理职责；二是高校以委托管理等形式将后勤工作交由社会组织或其他高校完成。在当前高校大规模扩招的形势下，上述两种途径能在短时间内解决后勤建设与服务问题，对学校后勤运作进行有益补充。

支撑条件：社会企业承办时，要明确其经济效益与社会效益权衡问题，以适应学校办后勤的公益属性。面对运作服务中出现的各种问题时，校方和社会企业要建立良好的沟通渠道，差异不可避免，但不能损害师生利益。

（七）服务外包

主导原则：非核心剥离、降低成本、提升竞争力。

基本内容：高校的核心功能是培养人才、科学研究。而后勤作为为高校发展、职能活动提供物资保障的机构，可以将其中一部分服务项目通过外包的形式交由社会企业来运营。现在，绝大部分高校的通信、电力、保洁等服务项目都已进行外包转移，大大减轻了高校后勤的负担。

支撑条件：服务外包属于新型行业类型，高校应在政府的规划和指导下选择外包企业，避免出现因选择不当而引起的后勤服务质量下降等问题。

（八）委托管理模式

主导原则：精简机构，合同制约，权力转交，分管财产。

基本内容：为精简机构、集中精力办学，校方和受委托方应制定合同，对委托项目、服务等进行人、财、物各方面的约束。同时校方应给予受委托方一定管理权限，受委托方的自有财产与校方财产分开管理。

支撑条件：校方和受托方均应在有健全的法律保障的社会环境中进行运作，权责对等。

（九）股份经济合作制

主导原则：自主经营，自负盈亏，事企分开，两权分离。

基本内容：高校后勤与行政分离时，由高校出资，独资或与其他社会企业、高校合资或控股，按照现代企业制度的要求组建成立后勤法人实体，按照现代服务企业化运作，在理顺资产关系的前提下，利用市场机制将高校所有经营服务实体并入后勤产业集团。

支撑条件：明晰高校资产、人事、财务等关系，在此基础上进行整体剥离与独立。

（十）社会化服务

主导原则：依托社会，开放运行，竞争机制，减少投资。

基本内容：在立足高校、依托社会技术资源的前提下，将高校后勤服务项目、管理运作等完全交由社会承担，分离出新的、开放式的后勤经济实体。在充分利用社会资源、引进社会力量提供服务的同时，高校可以减少对后勤服务的投资。

支撑条件：要使高校后勤社会化程度不断加深，政府先行是关键。政府应主动要求高校将后勤服务工作"化"给社会，在政策及资金方面做好保障。

二、我国高校后勤工作社会化模式选择的原则

（一）教育规律与价值规律相适应原则

高校后勤依托教育发展而发展，其生产经营受教育规律的制约，教育规律决定了高校后勤的发展方向、发展目标、经营性质、经营周期等内容；与此同时，高校后勤作用于高校教育，是稳定教育秩序、规范校内市场的必要条件，承担了育人的责任。所以，高校后勤必须遵循教育发展规律，适应与满足高校教育需要。此外，鉴于高校后勤具备经济属性，遵循价值规律又成为高校后勤的另一职能。

（二）校企分开与产权分离相统一原则

此原则是实现高校自办后勤向社会化后勤转变的关键。"校企分开"原则下的后勤不仅是拥有法人地位的实体，还真正实现了对经营决策权与资产控制权的掌握，属于自主经营、独立核算、自负盈亏的经济实体。高校不再干预后勤实体的运作，打破僵化的行政隶属关系，确保后勤实体在市场经济中的主体地位。而"产权分离"的实现，既明晰了国有资产、核实了产权登记，又保证了高校对资产的所有权，为资产的保值增值提供了现实依据。

（三）社会效益与经济效益相协调原则

高校后勤社会化并不是要将后勤完全推向市场，摆脱包袱，而是要建立一种新型的高校后勤体系，将校外市场上更加优质、高效的服务引进来，满足师生需求。在此过程中，要兼顾社会效益与经济效益的均衡，把握眼前利益与长远利益的关系，在"三服务、两育人"的服务宗

旨上，不断改进服务，树立良好形象，博得师生信任。

（四）独立经营与资源共享相结合原则

从微观层面看，每个高校后勤都是一个独立经营的法人实体；而在宏观层面，我们必须贯彻"一盘棋"的思想，理顺后勤关系，校校联合，合理配置资源，形成优势互补及规模效益，促使高校后勤进入良性运作轨道。

三、我国高校后勤工作社会化模式选择的关注点

首先，对高校后勤社会化认识的程度，依地区的不同、高校的不同、环境的不同而不同。在具体实践过程中，新问题不断出现，各高校采取的应对方法也各有侧重。因此，为所有高校设计一个理想又全能的后勤运作模式不太现实。我们要不断进行调整，打破统一模式的限制，结合实际，走出具有特色且符合后勤发展的路子。

其次，高校后勤工作社会化模式多种多样，而教育属性的坚持是始终不变的，它与经济属性应是相辅相成的。而部分高校在市场竞争中被利益冲昏了头脑，仅仅讲求经济效益，使得"为师生服务"成为一句空话，师生感受不到教育属性给其带来的便捷和实惠。因此高校后勤要沿着"三服务、两育人"的主线，积极承担社会责任，即通过公益性的服务为社会人力资源开发与建设做贡献。

最后，随着市场经济体制的完善和高校后勤社会化运作的深入进行，高校后勤服务正由无偿型、公益性服务向有偿型、经济性服务转变，因此某些高校就误将服务视为纯粹有偿型，把后勤服务"一刀切"，片面追求经济效益而忽视了服务质量。这种做法不可取，因为它脱离了实际，忽视了因地制宜，千篇一律的模式注定是失败的。

四、我国高校后勤工作社会化模式选择的趋势

高校后勤社会化的发展是紧跟社会经济发展趋势的。在所有制方面，明确高校公有制主体和国有制主导，对高校后勤内部资源要做到共享，产权明晰独立。按照"两权分离"的原则，使后勤成为自主经营、自负盈亏的实体。在组织部署方面，要以政府为主，以服务为主，形成专业化、社会化、规范化的有机后勤保障主体。划分政府、高校、后勤的职责，突破限制，组建专业化合作组织。在经济利益方面，要建立一个既能有效刺激，又能调动各方经济主体积极性的多元经济体系，协调高校、后勤、师生等不同层次、不同群体的利益，各取所需，稳定发展。

第三节　高校后勤工作社会化的改革对策

一、创新高校后勤工作理念，增强改革驱动

高校后勤社会化改革是我国市场经济体制发展的客观要求，也是高等教育体制改革发展的必然趋势，这就需要我们变革理念、提升认识，增强改革驱动，重塑发展导向。中共十八届五中全会提出"创新、协调、绿色、开放、共享"的新发展理念，这五大理念注重改革的系统性、整体性、协同性，是社会发展的指挥棒，也是高校后勤改革的行动指南，对破解高校后勤改革难题、增强改革动力具有重大意义。

（一）以创新增强后勤改革动力

蕴含创新优势的高校，作为后勤社会化改革的母体，可以为后勤领域输送源源不断的创新因子。当前，高校后勤工作中已建成多个信息化沟通平台，创新了服务手段，拓宽了与师生沟通的渠道，提升了服务效果。高校后勤在社会化改革中要积极探索互联网＋后勤的新业态、新模式，大力推进智慧后勤建设，只有不断创新发展空间、构建新型发展模式、培育发展新动力，才能持续推动后勤社会化改革前进。

（二）以协调平衡后勤基础关系

协调是高校后勤改革持续健康发展的基础，它既是改革发展的手段，又是改革发展的目标。改革中会涉及众多利益，操作不当就容易产生重大矛盾。高校后勤改革中要正确处理改革和稳定的关系、后勤改革和科研发展的关系、后勤改革和高校总体改革的关系、后勤的公益性和营利性的关系、后勤企业经营与服务的关系等，要兼听各方、综合考

虑，推动后勤企业与高校协调发展，确保高校后勤改革的多元利益主体平衡发展、整体前进。

（三）以绿色夯实后勤发展之路

高校后勤改革中要坚持绿色发展之路，树立节约资源和保护环境的思想，加大校园环境治理力度，贯彻低碳、循环思想，促使后勤服务产生较大的经济效益的同时也产生巨大的生态效益。举个例子，Z校面积大、人多，校内缺少摆渡车等公共交通，多数师生选择自购自行车和电动车代步，又因学生外出多是集体行动，局部扎堆停车现象严重，导致通行干道经常被占、大量的绿地被当作停车区，这样既不符合消防要求又使得绿化环境被破坏，在现有条件下难以根治该问题。借助绿色发展的理念，Z校可以引进共享单车，利用社会资本解决师生出行问题，单辆车辆的使用率得到了提升，避免了资源浪费。贯彻绿色理念，坚持可持续发展，提升环境美感，可以使校园后勤服务在满足师生物质需要的基础上，增加他们的精神享受，促进高校和谐发展。

（四）以开放提升后勤服务品质

实践告诉我们，要发展壮大，就要坚持走对外开放的道路。高校后勤社会化改革后，校内市场打开，内外服务交流互动频繁。一方面校外服务实体进入校内，与校办实体竞争，促使校内服务产品的品质逐渐提升；另一方面，校内服务实体可以进入外部市场环境进行历练，提升保障能力。校内服务实体也可以通过市场扩展占领校外服务市场，获取利润，为自身发展积累资金，减轻高校负担。国际化是高校现代化的标志，后勤要主动完善校内服务设施，引入国际化元素，为在校外籍人士提供特色服务。后勤实体也要积极融入域外开放环境，学习先进经验，增长认识和见解，通过开展对外交流提升自身竞争力，以适应全球化发展。

（五）以共享营造后勤氛围和谐

高校后勤改革要紧紧围绕"三服务、两育人"的服务宗旨，关注师生所求，解决师生所需，让师生对高校改革发展的成果有更多获得感。要注重机会平等，后勤社会化改革中要多关注弱势群体，在服务中有所倾斜，如食堂提供免费粥、低价套餐等，确保那些来自贫困家庭的学子享有生活保障，最好是为这些学子定期提供兼职岗位，培养学生勤劳致富的思想。后勤实体要重视底层劳动人员，后勤目标能否实现，在很大程度上依靠他们的直接劳动，可考虑将其纳入公司正式用工范围，与其签订劳动合同并为其缴纳社保，积极改善薪酬体系，提高后勤人员劳动报酬，缩小收入差距，让全体后勤人员更加公平地享受改革成果。

二、提高多元主体治理能力，保障各方权益

当前高校改革正向纵深推进，后勤社会化改革要坚持统筹兼顾、综合平衡的原则，以建立"学校自主选择、行业自律管理、多方依法监管"的新型高校后勤保障体系为目标，对改革中出现的各种矛盾要正确认识、深入分析，采取协同治理的手段，发挥各利益主体的资源优势，保障改革各方的权益。

（一）政府

高校后勤社会化改革是一项事关高等教育全局发展的事业，需要校内外各利益主体同向发力，强力推动，才能破冰前行。高校后勤改革之初，国务院等有关部门出台了一系列改革文件，促进了高校后勤社会化改革的进程，释放了高校后勤活力，起到了积极作用。但当时的改革想法、思路设计现在已经无法满足高校后勤改革发展的需求。这就需要政府结合实际，适时调整规划，完善法律，修订政策，使这些指导文件具有连续性、适应性和可执行性。政府应给予高校后勤实体更明确、更直

接的政策优惠、财政补贴；在原材料供应、人才流动等方面，政府可以通过自身优势整合有关社会资源，促使这些资源被参与高校后勤改革的多方主体最大化利用；政府的职能部门要加强与校内监管部门的联系与联动，共同担负对校内市场经营的指导和监督责任。

（二）高校

高校在后勤社会化改革中要承担主要责任。高校要在遵循教育基本规律基础上，加强对后勤改革的统筹安排，在具体执行中厘清行政与市场、教学科研与后勤的工作边界，明确职责、优化管理。高校在后勤改革上要抓住"一个中心、两个基本点"。"一个中心"是指高校要让后勤工作中具有支配地位、对稳定大局起决定性作用的、收益周期较长的服务项目自行运营，如"水电暖"等具有垄断性质的服务。"两个基本点"就是：① 做好后勤服务品质的监督工作。要建立高标准的准入门槛、公平竞争的选择机制、有进有出的淘汰机制；在工作监管时，要依据合同条款认真履行职责，及时纠正后勤实体的工作偏差。② 维护后勤的公共属性。高校后勤改革后同时具有市场性和公共性。要正确认识并提倡高校社会化后勤实体获取合法利润，发挥社会属性优势，激发其经营活力，提升服务品质，形成优胜劣汰的良好竞争局面。但与此同时，要积极维护和体现高校后勤的公共属性，一是可以通过合同限制后勤实体的恶意逐利行为，二是可以将后勤实体中的股份所得或者后勤实体上交的租金或利润进行合理分配、补贴，降低校内师生的生活成本。

同时，高校在人员使用上需要有更大自主权，降低高校行政人员与后勤工作人员的流通门槛，破除高校管理人员与后勤企业人员的流通阻碍，减少审批环节，加快高校的知识要素与企业的财富要素的互补与融合，推动高校后勤改革升级。

（三）行业协会

行业协会以实现公共利益为目标，独立于政府和市场之外，从事政府无力、市场无法承担的公共活动。行业协会在高校后勤改革协同治理中，可以直接与政府、市场等治理主体沟通，使对改革问题有更充分客观的认识，同时在制定政策时吸纳更广泛的思路和建议，从而更快地做出调整，提高政府、高校、市场等的回应性。行业协会还可以开展行业评估，资质认证，新技术和新产品鉴定及推广等工作，促进协同治理中服务水平的持续提高。

中国教育后勤协会通过组织学习政策法规、理论与实践课题研究、召开培训会议等多种途径提供公共服务，积极与各组织沟通交流，在政府与市场之间发挥纽带作用。同时，中国教育后勤协会大力发挥高校后勤行业规范自律管理作用，制定行业标准，指导高校后勤管理工作，提升后勤服务管理标准，完善后勤服务评价体系，促进高校后勤行业健康发展。在高校社会化改革中，中国教育后勤协会应发挥更加重要的协同作用，大力普及优秀高校后勤发展规律、经验，将后勤改革中出现的共性、核心问题及时反馈给政府，积极提出建议，以促使政府的改革政策符合高校发展实情，在高校后勤社会化改革中发挥更大的主体作用，产生更深远的影响。

（四）个人

个人作为参与高校后勤社会化改革协同治理的最小单元，在其中发挥能动作用。一方面，个人通过学习增加知识积累、通过实践提升技能水平、通过交流获取有效信息、通过经验积极行动反馈、通过自我服务和自我管理积极适应市场机制规律，提高个人应对外部复杂多变的环境应具备的能力，在工作中获取报酬、荣誉，实现个人价值，发挥在协同治理中作为单个元素的主观能动作用。另一方面，个人作为治理主体，在社会经济中的力量相对渺小，可以通过结社、形成社会组织等形式，凝聚集体力量参与治理过程并发挥更大的作用。当前，在网络普及、信息发达的社会环境中，个人参与公共治理的热情在不断提升，个人的治理意见得到表达、重视和回应，独立参与治理过程的途径得到拓宽，这也为个人在高校后勤中发挥治理主体作用创造了良好的条件，个人可以利用网络广泛加入，为高校后勤社会化改革献计献策，提升协同治理效度。

三、完善政府职能，发挥"掌舵"领航作用

（一）政府转变职能，提供服务保障性的支持

高等院校后勤社会化改革的过程，就是对原有机构的职能进行重组和整合。在改革过程中，政府的一举一动都会对改革产生极大的影响。换句话说，高校后勤社会化改革就是在政府指导下开展的，政府行为在高校后勤改革中始终发挥着不可替代的作用，指导后勤改革也是发挥政府宏观调控能力的重要方面。

高校后勤社会化改革的目标是将高校后勤从原有的行政体制中独立出来，建立独立法人单位，将后勤纳入社会主义市场经济体系。我国实行的市场经济体制有两个重大前提，一是要遵循国家和政府的宏观调控，二是要坚持社会主义的基本特征。高校后勤社会化改革过程中，各项制度的制定也必须遵守上述两大前提。逐步建立新型的高校后勤服务体系，"新"体现在确定了政府、社会和高校的角色定位，政府发挥主导作用，社会企业承担了提供服务的职能，高校在众多供应商中自主选择适合本校的后勤团队。值得说明的是，这里提到的政府发挥主导作用，是指政府转变职能，制定相关政策和法律法规，为改革提供基础性的支持。

从实际操作的角度来看，高校后勤社会化改革涉及的内容主要包括两大层面。一是分离。将后勤部门从学校的行政体制中独立出来，成立公司，这有利于校方集中精力去做科研、教学工作。二是整合。这要求高校以及后勤部门主动寻找社会上的优质资源，并且学会与校内原有的条件相结合，双方合作，实现资源优化配置和良性发展。上述两大层面都需要政府的大力支持，高校与后勤的分离需要在政府的政策允许和规范下进行，资源整合也要依靠政府的牵头组织和保障措施，"一分一合"中都彰显了政府对高校后勤社会化改革的指导、管理和协调。

高校后勤社会化改革是一个系统工程，涉及领域众多，覆盖范围广。这个系统工程离不开政府的政策引导，特别是我国进入新的发展时期，政府应该结合实际情况，与时俱进，加强政策的针对性和指导性，为未来的改革指明方向，为可能出现的困难做好预防。

（二）建立法律保障机制，保证改革规范有序

高校后勤社会化改革举措要遵守相关的法律法规，不能超出法律的约束范围。但是，从目前的情况来看，国内法律关于高校后勤领域的条款数量非常少，尚未形成完备的法律体系。后勤社会化改革的内容众多，包括对学校资产、劳动关系等在法律关系上的调整，法律法规的制定和落实必须提上议程。有了政策和法律为高校后勤社会化改革保驾护航，改革才能获得持久的动力，实现预期的目标才更有胜算。

法律保障机制的建立主要体现在以下两个层面：

第一，法律保障机制体现在后勤实体资产的产权界定，以及规定资产的使用方式上。在后勤社会化改革之前，国家拨款是高校后勤经费的唯一来源，所以高校的后勤资产属于国有资产。在高校后勤社会化改革过程中，后勤对国有资产只有使用权，不具备对资产的所有权。为避免资产流失，学校可以先进行资产评估，确定价值，再与后勤集团约定租

赁方式。具体来说，有两种租赁方式：一种是收取租金的方式，租金中包括了固定资产的维修保养费用；另外一种是免租金，但是由后勤集团来承担设施的修缮保养事宜。

第二，法律保障机制体现在新的劳动关系层面。后勤集团改变原有的劳动关系，建立企业用工制度。在后勤改革以前，后勤职工是与学校签订劳动合同，改革以后职工需要先与校方解除原有的劳动关系，再与后勤集团签订合同，也就是说劳动合同的签订主体变更为后勤集团。劳动合同的解除分为两种情况：一种是后勤职工与校方协商，在双方达成一致意见后解除；还有一种是根据《劳动合同法》第四十条第三项规定，劳动合同订立时所依据的客观情况发生重大变化，致使劳动合同无法履行，经用人单位与劳动者协商，未能就变更劳动合同内容达成协议的，用人单位提前三十日以书面形式通知劳动者本人或者额外支付劳动者一个月工资后，可以解除劳动合同。在后勤集团与职工建立新的劳动关系的过程中，要注重保障职工的利益，这时候相关的法律法规必不可少，以免造成劳动关系混乱。

（三）引导高校建立行业协会，制定行业标准

行业协会属于行业管理系统中的一部分，以第三方的身份将政府和企业进行连接，其发挥着服务、咨询、沟通、监督的作用，其本质上是一种民间组织。高校后勤社会化改革中，行业协会能够起到一定的组织、引导和监管的积极作用。政府应该鼓励行业协会积极参与高校后勤服务相关标准的制定，包括食堂的菜品和服务标准、超市的经营准入制度等。在后勤社会化改革进入深化阶段时，高校后勤服务部门的归属将由学校的一个部门转变为社会后勤的一个分支。只有这样，高校后勤领域的绩效评价体系和行业自律机制才能逐渐建立和完善。

四、引入市场竞争机制，深化后勤社会化改革

（一）走市场化道路，引入现代企业制度

高等院校后勤集团需要在现代企业制度的框架下规范运作，现代企业制度的含义是在市场经济成熟运作以及社会化大生产高度发展的大环境下产生的，满足该市场体制的基本要求，建立有限责任制，同时具有产权清晰、权责分明、政企分开、管理科学等一系列的特征。在该制度下，明确了政府与市场在经济活动中的权利与义务，使政企职责分离，少了政府的过多干预，有利于增强企业的独立自主能力，企业能够按照自身的发展决定经营管理方向和手段。

后勤集团要建立"独立核算、自负盈亏、自我发展、自我约束"的制度，坚持不懈地追求制度创新，利用市场来配置资源，以实现资源优化配置。当然，社会效益和经济效益的平衡是后勤集团需要重点把握的，毕竟其消费者中学生占据了大多数，所以后勤集团不能将经济效益当成唯一的价值追求。高校后勤集团面向师生提供的产品和服务虽然会收取相应的费用，但是后勤集团应将学生群体的特殊性以及公益性作为集团经营的重要考虑因素，坚持"微利服务"和"让利不让市场"的原则，同时也要主动关心师生的需求，与之交流，争取得到师生对后勤工作的理解、支持和配合。在做好基础服务的同时，后勤集团务必不断摸索创新，给服务对象提供个性化服务，对校内的物品布置、设施设备、物业管理、绿化植被以及校园班车等领域的服务予以高度的重视，高标准、严要求，保证后勤服务的高质量。后勤集团要秉持"顾客至上"的理念，根据师生的需求来制定经营战略，根据师生对服务的满意度高低来调整经营方向，维持稳定的客户关系，占领校内市场。另外，后勤集团还可以采用多维市场战略，对社会人员开放本校后勤市场，真正接受市场经济的考验，以此争取多元的发展机会。

（二）强化成本收益分析，建立风险分担机制

高校在推行后勤社会化改革的过程中，后勤集团成为独立核算的实体，集团内的大部分员工脱离了编制身份，集团采用员工聘用制，与员工签订合同，入职后的晋升也要通过竞争，有能力者即可升职。后勤参与市场竞争，就意味着它需要面对相应的市场风险，鉴于此，高校后勤集团需要建立相应的风险机制，树立一定的风险意识。

高校后勤集团需要关注经营方面的风险，力求将风险降到最低或者采取手段将风险转移。后勤集团要对带有经营性的业务进行风险分析，在经营项目的投资评价阶段，类似设备的使用寿命等这一类的数据只能依靠对未来的预测和估算，而且这些数据都具有一定的不确定因素，没法估算出准确数值。未来的情况带有不确定的因素，任何人都无法预料未来的局势，所以，高校后勤集团要未雨绸缪，提前考虑未来可能会面临的风险，运用盈亏平衡分析法来进行评估。

后勤队伍竞争能力的提高也是降低风险机制中的重点内容。市场竞争的本质与大自然的生存法则不谋而合，高校后勤集团的员工也应遵循优胜劣汰的生存之道，在工作中提升技能以使自身立于不败之地，同时提升自己的文化素养和市场竞争力，减少被市场淘汰的风险。

此外，后勤集团需要提升团队的抗风险能力，这也是建立风险分担机制的重要内容之一。高校后勤集团的产业是按照经营管理责任制进行管理的，需要认真履行合同的相关条约。学校将后勤的经营权、人事权、分配权交给后勤的领导，后勤的领导在行使这三项权利的同时，还必须履行汇报及上交创收的职责，不能"包盈不包亏"。后勤的工作人员也应该增强对后勤集团的归属感和认同感，将自身的发展与集团的发展相结合，用主人翁的心态为后勤集团的发展建言献策，这样有利于在后勤集团中形成团结一致的良好氛围，提升团队凝聚力。

（三）明晰权利义务，理顺学校与后勤关系

高校后勤在管理体制方面，在学校党委行政和董事会的正确领导下，致力于为学校科研、教学及行政提供坚实的后勤保障，高校和后勤集团需要明晰双方的权利和义务。结合校内的实际情况理顺双方的关系，具有两方面的意义。一是使后勤集团具备相应的自主权，不再拘泥于甲乙方身份的束缚，摆脱了乙方的身份。二是有利于建立健全人事管理制度，为后勤集团的可持续性发展输送优秀人才。由于我国高校后勤改革的特殊性，后勤应该立足于服务学校发展大局，学校应该在后勤基础设施改造、设施设备投入上加大支持力度，科学规划，分步实施，以不断改善后勤配套服务设施，满足师生生活所需。后勤集团为全校师生提供衣、食、住、行层面的具体保障。

因此，为了达到后勤集团长期稳定发展的目的，招募合适且优秀的人才骨干，学校和集团之间要建立畅通的岗位流通机制。后勤集团在制定规章制度时，不仅要考虑集团内部的情况，还需要考虑政策是否符合校园大环境的要求，致力于健全内部的治理结构，使集团整体服务格局上升一个层次，定编定员时遵循科学化和具体问题具体分析原则。后勤集团具有公益性和经营性的双重特性，所以集团在实际运作过程中，对于公益性的服务要采用公共事业管理的方法，对于经营性较强的项目可以采取企业化的运作模式。

（四）加强校企合作，提升后勤服务专业化水平

校企合作是指社会企业与高校联动，高校通过购买行为引入社会企业，由社会企业提供专业化的服务，实现资源的优化配置。随着新技术在不同领域的应用，生产效率和管理水平得到大大提高，由此也催生了大量专业化的服务主体，在物业管理、餐饮服务、校园节能等领域均产生了一批专业化的服务公司。很多高校也开始向专业的物业公司寻求合

作，利用校企合作方式，搭建高校后勤社会化改革的有效载体，发挥专业企业的人才、技术、管理优势，降低运行成本，提高运行效率。

在校企合作的过程中，政府、高校及后勤实体各司其职。其中，政府承担了政策引导、监督管理的职能，政府从公共利益的角度出发，不会过多地从项目中获得利润。高校是校企合作的实施主体，其利益诉求是期望社会企业提供优质服务，使高校集中精力来做科研和教学。第一，高校作为一个教育机构必然受到政府的监督和管理，要根据相关制度履行相应的义务和承担相应的责任；第二，高校要站在市场的角度，充分考虑各方的利益，将大力开拓合作市场作为一个重要突破点。在校企合作模式里，企业作为主体部分，具有"理性经济人"的特征，难免会有追求利益最大化的诉求。既然参与了高校后勤的建设，企业就一定会有成本上的付出，同时也会带来项目合作的收益。那么当企业在权衡收益和付出时，如果认为获得的利益高于投入的正成本，那么企业就会很乐意参与这样的合作项目。企业的认同和支持是校企合作得以展开的基础，学校也才可以顺理成章地实施后勤的社会化改革，也才能在政府政策的支持下开辟出属于高校后勤独有的市场。

图 5-1 所示的是校企合作建设后勤中企业投资、经营权比例关系，从 A 类型到 J 类型的过程体现了后勤从完全封闭走向了自由开放的道路，虽然在各高校的后勤社会化改革过程中，校企合作模式并不会严格按照从 A 类型到 J 类型的过渡，但是总会经历其中的某几个阶段。J 类型体现的是后勤完全社会化的状态，由企业全额投资并经营，这或许是后勤改革的最终选择。对于高校后勤社会化改革来说，采用校企合作的方式提供后勤产品与服务是大势所趋。在新时代背景下，扩大有效供给，加强学校与社会企业的合作，提升后勤服务的师生满意度已经成为促进后勤集团转型升级的关键所在。

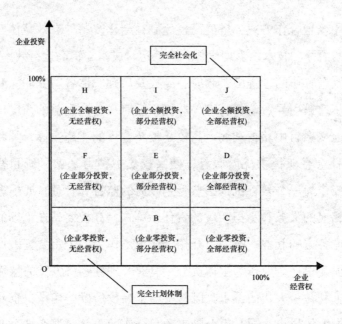

图5-1　高校企业投资比例与企业经营权关系图

五、坚持"顾客至上"理念，增强师生满意度

（一）创新服务内容，增强后勤服务保障的能力

高校后勤向全体师生提供保障服务工作，从本质上来说不是教育产品，但是也带有"三服务、两育人"的特性，育人体现在管理和服务的过程中。中国特色社会主义进入新的历史时期，供给侧结构性改革要求扩大社会的有效供给，这对于后勤服务领域来说也具有借鉴意义。后勤领域的有效供给是指师生真正需要的产品和服务，这与新公共管理理论中"顾客至上"主义不谋而合，后勤集团应该将师生的需求摆在第一位，满足师生日渐多样化和个性化的要求，不断地优化服务，提升师生满意度。而且，高校社会化改革的最终目标是服务于学校建设的，所以，不能脱离学校发展谈后勤改革，应时刻牢记提升后勤服务水平是为教学和科研服务的，应始终将满足师生需求当作工作使命。

对于高校后勤社会化改革来说，学校要在改善传统服务提供的同时，持续增强后勤服务保障能力。在食堂、硬件修理、设施维护、垃圾分类等方面的服务水平需要进一步加强。此外，高校需要为开拓更加丰富的后勤服务项目积极探索，不能拘泥于现状，要提高承接各类中小型工程项目的积极性，将教育超市的服务做大做强。与此同时，在节能减排、降本增效、裁汰冗员等方面，要深化落实各项管理，尽可能地降低运营成本，以结果为导向，提高服务效果。一方面维持学校和后勤运作的稳定，另一方面利用调查研究把不利于集团发展的人、事、物进行剔除和升级。对一些老旧的食堂建筑和陈旧的配套设施进行改造更新，让食堂布局更加合理化；降低各类安全隐患，如食品卫生、设备使用安全等。对于老旧的学生公寓也是如此，从学生生活的切实需求出发，包括学生的住宿条件、生活便利，如换洗衣物、淋浴、日常购物等，一些健身、娱乐等配套设施也可以逐步进行完善。为在校师生提供良好的物质及精神场所，再借助科学合理的规划和布局减少能源消耗，发挥主观能动性，不断完善学校布局，善于发现并解决实际问题。

（二）实施服务标准化工程，加强智慧后勤建设

服务流程和制度规范化是高校后勤集团实现专业化服务的前提，按照标准流程提供服务，着力提高服务质量。首先，后勤集团需要总结并提炼服务标准化建设成果，形成《后勤集团服务标准化手册》，提高对餐饮、住宿、物业、商贸、文印、车队、宾馆等各项服务的规范标准；建立完善行业自律、舆论监督、内部控制、师生督察的后勤监管机制；制定并实行后勤服务保障能力与质量效益挂钩的评价标准。

随着互联网技术的深入发展，智慧后勤建设任重道远。后勤集团要加快智慧化建设，引入先进智能设备，使一线工作人员从繁杂的重复性劳动中解脱出来；利用"三微一端"，即微博、微信、微视频和客户端

的新媒体渠道，建立线上线下相结合的意见反馈渠道，畅通师生沟通机制，将"第一时间反应、24 小时服务"落到实处，力争快速反馈师生的需求。其次，提升各项业务的服务品质，打造一些特色项目，建设若干个服务品牌，以评促建，深入推进服务标准化建设，致力于校园文化建设。后勤集团要坚持在深化校园文明中统筹兼顾、综合平衡、聚焦短板、聚焦师生实际获得感，着力增强文明校园建设的整体性、协调性。后勤集团还要对接学校总体建设规划，完善校园硬件建设专项规划，实现规划的有效衔接；积极改善校园基础设施，补齐硬件短板，深入开展公共环境提档升级工作；统筹考虑和系统谋划多校区的文明校园建设，发挥整体效能，促进协同发展；充分吸纳广大师生的意见和建议，凝心聚力、形成合力。

（三）完善人事培训机制，提升培训质量和效益

在高校后勤社会化改革的进程中，不能忽视对专业化人才队伍的培养。在人力资源方面，高校后勤集团应当按照现代企业制度的要求在选人、用人方面做出新的尝试，采用多种招聘方式，引入市场机制，通过人才市场公开向社会招聘，多渠道吸纳人才。后勤领导在进行相关人事决策时要坚持以公平竞争为底线，同时还要坚持择优聘任、权责明确、利益相关、能上能下和流动有序的标准。后勤集团不仅要在员工素质提升方面狠下功夫，还要致力于优化队伍结构，提升员工队伍整体的质量。

后勤集团在进行人力资源管理的时候，其有效方式和手段之一即为培训。在进行员工培训之前，后勤集团应该整合集团内的资源情况，确定自身的规模、类型、特点和培训目标，然后再选择与高校的后勤发展需求相结合的培训模式，根据现实状况制定系统化的培训流程，依据不同岗位制定不同的培训内容，有针对性地开展岗位培训。后勤集团组织员工进行培训，促使员工对自己的岗位职责有一个明确的认识，能够在

岗位中充分发挥自己的潜力，使得实际工作的效率得到显著提升。

近年来，高校后勤集团引进了很多智能化的先进设备，但是有很多一线员工不知道如何操作。遇到这种问题时，可以先对后勤集团的技术骨干员工进行集中性的培训，技术骨干再对各个部门的基层员工进行演示操作。技能培训不能只停留在理论层面，实际操作培训更为重要，建议采用以老带新、循序渐进的方式展开培训，重点培养员工的专业能力和动手解决问题的能力，这样有利于提升员工的专业水准及竞争力。另外，后勤集团还可以经常性地开展技能大赛，在竞赛中提升个人能力，共享优秀经验与成果。

（四）完善激励机制，建设可持续发展的后勤队伍

良好的激励机制有助于引进人才，提升员工的劳动热情，增强员工努力向上的激情，自觉地学习业务技术，在后勤集团爱岗敬业的良好氛围的带动下持续提高员工的素质，在服务中实现育人的光荣任务，建立可持续发展的后勤队伍。

首先，后勤集团应该以爱岗敬业为主题开展形式多样的活动，在活动中使得爱岗敬业的观念深入人心，使得干部员工明白后勤集团的发展与个人的发展是息息相关的，大家同在一个组织内部，每个人的工作都既关系到后勤集团的盛衰，又关系到个人的发展。只有当后勤集团的干部员工对所属组织有强烈的认同感，把个人的人生规划与集团的兴旺发达联系起来时，才能激发员工的工作积极性。后勤集团的领导干部要对市场竞争信息保持密切的关注，当市场中出现与后勤相关的内容时，领导干部要将该信息告知所有员工，以此使员工时刻保持对市场的警惕性，增强员工的危机感、紧迫感、责任感和使命感，引导员工将压力转换成动力，改进不足，直面市场的挑战。

其次，学校和后勤集团、社会企业之间的权责划分是激励约束机制

得以良好运作的前提。如果三者之间的权利义务没有事先做好划分，那么就会出现多头领导的状况，引发一系列的矛盾，造成服务对象有意见、服务部门有意见、领导之间有意见的局面，不利于后勤改革的进程。因此，要妥善划分三者之间的权利义务。

最后，高校后勤集团内部要实行目标管理，针对众多服务中心的工作内容，制定不同的考核指标，制定严格权责制的成本核算，建立目标锁链与目标体系，实行分级负责，分层考核，把考核结果与分配挂钩。制定激励约束机制以及实施奖励惩罚措施时，一定要将公平正义作为首要的考量标准，根据工作效率及质量的高低来进行奖励和惩罚。奖励或者惩罚的档次要与员工的实际贡献或者犯错程度相匹配，把握好奖励或者惩罚的限度。同时，奖惩的依据不能局限于工作结果，工作的过程也是不容忽视的。有些工作结果不突出，但是员工在提供服务的过程中体现了高尚的品质或者起到了先进带头作用，对于这样的员工也要进行相应的奖励。相反，有些员工用不良手段完成工作，尽管从结果上看是没有问题的，但是态度不够端正，也是不能够进行奖励的。另外，在对员工的工作进行肯定时，不仅要给予相应的物质奖励，还要关注员工的精神需求，精神层面的嘉奖必不可少。后勤集团的领导要关注员工的思想状况，如果发现员工有异常情绪，要及时采取措施，与员工进行沟通，学会换位思考，排解基层员工的不良情绪。

第四节　高校后勤工作社会化的实践案例

本节从宏观层面分析了国内高校后勤改革的现状，再从个案入手，以南京 H 大学为具体案例，对其后勤社会化改革的内部和外部环境、主体分工、改革效果等方面进行深入剖析。

一、国内高校后勤工作社会化改革现状

高校后勤工作社会化改革开始于 1985 年，至今已有 38 年的发展历史，目前国内众多高校在后勤社会化改革的各个方面都取得了不错的成效，下一步要进行的是进一步深化体制机制改革，实现学校与后勤实体的完全分离。综合国内外的经验，深化高校后勤工作社会化改革是完善现代高校制度、朝着一流高校靠拢的关键之处。

在实践中，各高校因地制宜，在后勤管理运行层面形成了三种典型的模式——独立法人模式、甲乙方管理模式和社会统筹模式，这三种模式的社会化水平是由低往高排列的。

二、南京 H 大学后勤工作概况

（一）选取南京 H 大学个案研究的原因

南京 H 大学成立于 20 世纪 50 年代，工学是该校的重点及特色学科，但同时该校将多学科交叉融合作为学科发展的重点方向，形成了工理经管文各门类统一均衡发展格局。该校建校几十年来，在校园发展和学科建设方面取得了卓越的成果：1978 年被列为国内重点大学；1981 年跻身国内第一批具备博士学位授予权高校序列；2000 年具备成立校内研究生院的资格；2017 年成为国内"双一流"高校，重点学科入选了世界

一流学科建设名单。学校现有三个校区，占地面积 2 000 余亩，建筑面积近 170 万平方米。

笔者选取南京 H 大学来进行案例分析，主要有以下三个方面的因素：

第一，从该校后勤发展的历史背景来看，南京 H 大学办学起始于 1952 年，该校见证了我国高校后勤工作社会化改革的各个阶段，积极响应国家政策号召，不断探索，与时俱进。

第二，南京 H 大学高度重视后勤保障工作，于 2020 年获评全国文明校园，这是学校精神文明建设取得的一项重大标志性成果。这反映了该校的校园环境和办学条件均处于全国领先水平，且该校后勤集团在校园环境整治和绿化提升、公寓环境优化、食堂环境改善、公共空间美化等方面做出了卓越贡献。

第三，为了提升办学层次、提高学校整体硬实力，南京 H 大学十分重视后勤社会化改革。该校校内组织机构众多，师生人数庞大，后勤需求数量大、内容多样化。为了提升后勤管理效率，该校将深化后勤改革、提升服务品质、推动后勤集团服务保障工作再上新台阶作为年度重点工作，对后勤未来的市场化发展给予了政策层面的重视与支持。

综上，综合历史背景、办学水平以及后勤发展实际需求三个因素，南京 H 大学的后勤社会化改革具有一定的典型性，通过分析研究该校的后勤改革，可以为国内其他高校提供指导、借鉴和参考，共享改革成果，总结经验教训，规避共性问题。同时，通过个案分析的方式展示国内一流高校后勤工作社会化改革的现有成果、面临的问题以及未来的发展方向，也有助于完善现有研究。

（二）南京 H 大学后勤集团组织架构

南京 H 大学后勤集团成立于 2001 年底，集团的定位是实行企业化管理、自主经营、独立核算的后勤服务实体。在董事会的领导下，总经理对集团事务负责，采用经费合同式运营和二级财务管理，按照企业化管理模式，致力于构建现代企业制度。如图 5-2 所示，集团下设 3 个办公室和 8 个中心、1 个部门，肩负着全校师生的后勤保障重任。

长期以来，南京 H 大学后勤集团不仅接受董事会的领导，还紧随学校的大政方针，坚定不移地接受学校党委的指示，在进行服务提供时牢记"三服务、两育人"的宗旨，践行"质量为本，师生至上"的服务理念，将全体师生的需求摆在首要位置，充分发扬"吃苦耐劳、甘于奉献、敢打硬仗"的后勤精神，坚持"文化引领、人才支撑和创新驱动"的发展战略，不仅在服务经营方面取得了不错的经济收益，还创造了良好的社会效益。不仅校内师生对其工作给予了高度肯定，其后勤集团在整个行业内甚至全国范围内都享有盛名。

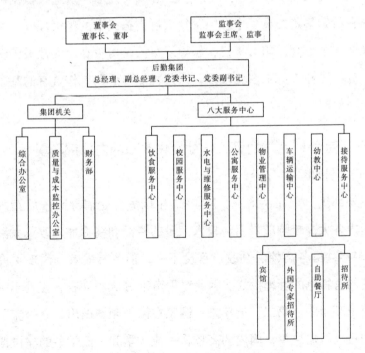

图 5-2　南京 H 大学后勤集团机构设置图

（三）南京 H 大学后勤集团人员构成

南京 H 大学后勤集团现有工作人员 1 792 人。在年龄结构方面，30 岁至 50 岁区间和 50 岁以上的人员比较多，人数分别是 843 人和 778 人，占比都接近一半；剩下 171 人年龄为 30 岁以下，仅占比 10% 左右。在学历结构方面，高中及以下学历人数最多，高达 1 399 人，占总人数比例为 78%；大专学历人数为 161 人，占比 9%；本科学历有 205 人，占比 11% 左右；硕士学历人数最少，为 27 人，占比 1.5% 左右。在性别结构方面，女性人数为 1 077 人，占比 60%；男性人数相对来说较少，为 715 人，占比 40% 左右。在工作岗位结构层面，事业编制人数为 147 人，占比 8% 左右；人事代理人数为 181 人，占比 10% 左右；劳务派遣性质的员工最多，为 1 464 人，占比 82% 左右。从这些数据可以推断出，在后勤集团的员工中，中青年人群占据人数的绝大部分；大部分员工文化水平不高，相对来说，领导层级的学历较高；女性员工多于男性；劳务派遣性质员工占比较多，这些可能与后勤工作具有的基础性特征有关。

三、南京 H 大学后勤工作社会化改革的内外部环境

（一）外部环境分析

在外部优势方面，第一，从 1985 年国家开始倡导高校后勤改革以来，国内各大高校响应号召，投入大量的资源和精力加入改革大潮，历经 30 多年，虽各高校后勤改革程度不一，但各有成效，涌现了许多值得借鉴的有特色的管理模式。因此对于南京 H 大学而言，正处于一个有利的改革环境中。第二，近年来，国家在高教领域做出"双一流"高校建设的重大战略决策，国内的高校将一流大学和一流学科的建设摆在了突出战略位置。但是一流大学的建设并不仅仅体现在教学科研上，后勤

保障工作也是重点领域，后勤保障不足，大学建设就犹如空中楼阁。南京 H 大学在"双一流"建设中，重视学校整体平衡发展，在保持特色和优势学科建设时，带动其他学科发展，并持续推进后勤社会化改革。第三，科学技术的飞速发展给后勤工作的改革带来了机遇。南京 H 大学后勤集团在沿着管理现代化方向前进时，其他领域高新技术的发展和应用以及其他高校后勤先进的科学管理系统都给南京 H 大学后勤管理和服务工作带来一定的技术支持。

在外部不利因素方面，最明显的是地理位置带来的制约。高校后勤改革对经济整体环境有很强的依赖性。南京 H 大学虽地处长三角腹地，是沿海与内陆城市的连接点。沿海地区的高校处于高度市场化的经济发展模式中，可以直接将当地高度商业化的运行管理模式运用到后勤运作中，但与上海、苏州等地相比，南京位置稍偏于内陆，只能通过走访调研的形式获取二手的改革经验。

（二）内部环境分析

在内部优势方面，第一，利好政策支持。南京 H 大学的领导层高度重视后勤管理和改革工作，发布了多项利好政策并提供了丰富的资源。在社会化改革过程中，南京 H 大学后勤集团在人力资源领域开展社会招聘，引入专业化人才，满足岗位的要求，以实现人岗匹配的目标。同时，该校采取了经费独立核算、自负盈亏的运作模式，这有利于增强集团独立运作能力，释放后勤活力，把控运行成本，在提供各项服务中做到"花小钱，办大事"。

第二，校内师生的支持。在校教职工积极参与改革进程，为后勤社会化改革建言献策。为了提高后勤服务质量，南京 H 大学后勤集团主动接受师生监督，通过建立手机端智慧校园应用平台，让师生填写对后勤服务的真实感受，及时受理相关投诉、咨询和建议，并及时采取行动，解决问题，优化工作。

第三，南京 H 大学在后勤服务方面加强了互联网技术的应用。通过微信公众号、移动 App 和微信智慧门户的联合，形成手机移动端的后勤服务大厅，包含综合保修服务、学生公寓管理、餐饮预订服务、宾馆预订服务、超市商品预订服务、车辆预订服务、失物招领、服务监督、净菜服务等多个模块。线上申请服务，快捷简单，实现了服务进程的可视化，有利于推进后勤信息化管理。

四、南京 H 大学后勤工作社会化改革中的主体定位

（一）政府：政策制定和风险分配

在新公共管理理论的指导下，政府职能从服务提供者转变为宏观调控者，将某些公共服务交由市场提供，政府负责制定相关法律法规、行业标准以及实施必要的监督。在高校后勤领域，校企合作已然成为高校后勤工作社会化改革的必然选择，政府需要根据校企双方的特点，有针对性地制定相关法律法规和政策文件，以规范校企合作项目中的主客体行为，明确各自的义务和权利。

另外，建立合理的风险分担机制也是政府的重要职能之一。高校后勤服务具有公益性，而企业作为社会资本方，逐利是社会企业不可回避的话题，两者看似矛盾，但是在校企合作项目中却可以满足各自的利益诉求，政府要做的是平衡校企双方的利益，平衡风险并且设定调节空间。为了应对校企合作项目中出现的各类风险，政府可以建立两种风险分担机制。一种机制是政府引领校企双方将可能出现的风险进行划分，再根据抵御风险能力大小进行分配；另外一种机制是校企双方在进行项目实施之前签订合同，约定共同分摊风险，同时对具体的细节进行规定，以此来对双方的行为进行规制。

（二）高校：参与项目合作与监管

高校后勤工作社会化改革以前，学校扮演着多重角色，既是直接投资者和监督者，又是具体服务和产品的直接提供者。校方在身兼多职的情况下，对于每一项职能仅限于完成的层面，无暇顾及其提供服务的质量和效率高低的问题，因此后勤产品和服务提供的质量与效率远远滞后于师生日益多样化、个性化的需求。在新公共管理理论的指导下，高校后勤开始尝试市场化路线，引入社会资本的力量，通过校企合作的方式，将一些具体的服务提供交由市场运作，高校的角色演变为后勤校企合作项目特许经营的授予者，与社会企业签订合同来规定各方责任、特许经营期限等。

后勤集团包揽了校内所有的服务保障项目，如果没有学校的监控，那么很有可能会出现腐败、服务水平降低的情况。学校应该肩负起监管的责任，监控后勤服务品质，以达到规范后勤集团、优化资源配置、降低成本的目的。品质监控包含三大层面，一是对具体服务项目运作过程的监管，大到工程项目、生产安全，小到物资设备采购，水电维修等。二是对后勤工作的安全进行把控，出台日常维稳、紧急预警以及应对的标准化方案，常见的是学生住宿的消防、食堂的餐饮、校内的安保方面。三是把好后勤服务和产品质量水平关。要善于利用互联网的优势，借助微信平台发布满意度调查，建立完善线上线下的投诉制度，畅通师生反馈渠道，力争全方位、多角度地反映师生的真实意见；并定期对收集上来的数据进行汇总分类，进行针对性的解决，致力于持续提升师生满意度。

五、南京 H 大学后勤工作社会化改革阶段性成果

（一）改善传统服务模式，产品供给多元丰富

南京 H 大学对于后勤社会化改革的理念不断深化，改革层次持续深

入。该校后勤后勤社会化改革从初步的探索到如今的深化突破阶段，已有近 20 年的时间。改革理念深化体现在市场经济的观念深入后勤员工的心中，后勤的经营模式由原来的行政化向企业化转变。改革层次持续深入体现在创新服务内容、产品供给多元化等方面。例如，每年的六七月份，后勤集团饮食中心品牌项目"毕业季龙虾节"，毕业生可以用毕业纪念餐券兑换任意口味的小龙虾一份，饮食中心用特色小龙虾和大幅度的优惠活动给每位毕业生留下最后的珍贵回忆。另外，除了为师生提供常规的一日三餐外，饮食服务中心还推出了"深夜食堂"夜餐服务，填补了校内南区夜餐服务的空白，满足学生夜餐的消费需求。由此种种，可以看出该校后勤集团的服务日趋多样化和丰富化。

（二）引入安全质量管理，优化服务管理体系

实施后勤社会化改革以来，南京 H 大学后勤集团内部运作流畅，服务管理体系不断优化，初步实现了企业化管理模式，管理水平和服务质量都有了很大的提高。集团引入安全质量管理体系，依据市场经济发展的要求进行成本核算和资源分配，为后勤集团后续发展奠定了坚实的基础。就拿后勤集团饮食服务中心来说，在保证食堂工作人员服务质量方面，中心通过对员工进行定期的服务意识和岗位技能培训，使其各项服务标准化、规范化。在保证食堂饭菜质量方面，各食堂严格执行国家《食品安全法》等法律法规，每年按期对卫生许可证进行年检；对每位员工进行体检，合格后方可参加工作。通过集中管理、统一采购方式，对食品原料的采购、质量验收、贮存、加工、销售等流程都进行严格的质量把关，并对每餐所有品种都进行 48 小时留样（100 克）备查。在保证食堂饭菜价格稳定方面，中心全面实行成本核算，以保持收支基本平衡为原则，根据质量标准核定饭菜价格，努力保障食堂饭菜价格的稳定。

（三）基础设施建设完善，建立智慧服务品牌

南京 H 大学加大设施投入，建立了智慧服务品牌。随着高新科技的发展，目前该校累计已投入 800 万元用于后勤信息化和智慧化建设，包括以校园卡、智慧餐盘、人脸识别支付等为代表的学生端智慧后勤传感层建设，学生公寓管理、人脸考勤、智能收银机等为代表的管理端信息化设备采购，研发后勤信息化系统、用户智慧后勤 App 及微信小程序等。在国拨专项资金的基础上，后勤集团又自筹资金 50 余万元，着力打造一个统一、高效、便捷、规范的后勤信息化服务平台。另外，南京 H 大学新校区学生公寓已经全面使用人脸识别门禁系统，采用实名制验证，对出入人员进行人脸身份识别、测温等大数据分析，提升校园内部的安保级别，推进智慧校园平安建设。

第六章　高校后勤工作考核与评价

第一节　高校后勤工作绩效考评概述

一、高校后勤工作绩效考评的内涵及其价值

要比较准确地实施高校后勤工作绩效考评，必须了解高校后勤工作的特点、考评的目标、考评主体、考评对象和考评内容，这里我们先简单地对其进行定义：高校后勤工作绩效考评，就是政府、高校或者后勤服务实体的管理人员，按照一定的标准和方法，对后勤服务实体的经济效益、社会效益、管理者业绩以及员工工作任务的完成情况进行的考核与评价。政府对高校后勤工作进行绩效考评，可以使后勤服务实体的经营方向和经营目标符合社会公众的利益和高等教育改革发展的要求，可以利用考评结果作为对高校后勤改革进行引导、扶持、补贴的政策依据。高校对后勤工作进行绩效考评，可以衡量后勤服务实体的服务水平与保障力度，可以将考评结果作为确定双方责、权、利的基础，也可以将考评结果作为选择后勤服务提供者的依据，从而保证后勤服务实体的经营和服务能够满足教学、科研和师生生活的需要。对于高校后勤服务

实体自身，绩效考评可以作为有效的控制手段、激励机制、战略工具，可以用其衡量实际的经营和管理效益，可以找出绩效的改进环节，可以促进后勤服务实体不断自我学习与提高。

传统的高校后勤服务体系中，后勤服务部门隶属高校的行政机关，是事业单位编制，实行免费服务或低标准收费服务，因此在绩效考评方面侧重于考察后勤服务单位对于高校下达任务的完成情况、经费预算的执行情况、管理者的工作作风及干群关系等，不考察经济效益或者不将经济效益作为考察重点。传统的高校后勤绩效考评重定性、轻定量，重经验和印象、轻科学测评，重历史表现、轻发展潜力，重静态考核、轻动态考核，重组织需要、轻个人发展，具有相当大的局限性。随着高校后勤工作社会化改革的逐步深入，后勤服务实体成为自主经营、自负盈亏、自我发展、自我约束的法人单位，有必要引入现代的绩效考评体系，特别是企业业绩考评体系，以此作为革新管理体制、转换经营机制、增强竞争优势的重要手段。

二、高校后勤工作绩效考评的主体、目标、对象

（一）考评主体

考评主体是绩效考评活动的发起者和组织者，是考评结果的报告对象，考评主体不一定是绩效考评的具体操作者。考评主体是与考评对象的绩效有直接利害关系的组织或者个人。根据代理理论，委托人和代理人的目标经常是不一致的，由于信息不对称、权责不对等、激励不相容等原因造成的效率与财富损失被称为代理成本。为了减少代理成本，委托人经常对代理人的活动状态和结果进行考评，以确保代理人是否完成了受托责任。绩效考评的权力是委托人控制权的重要组成部分。在高校后勤工作中，也存在层层委托的代理关系。我国的高校大部分是公立

的，国家是高校资产的最终所有者，国家把高校资产委托给高校的管理者进行管理，其中包括大部分后勤资产。过去高校是自己办后勤，与后勤部门之间是同一法人实体内部的委托代理关系。如今，后勤服务实体从高校中剥离出来，成为独立的法人实体，高校成为后勤资产的所有权方，和后勤服务实体之间的行政隶属关系变为以产权为纽带的委托代理关系。在后勤服务实体内部，由于采用分权管理，管理者与普通职工之间又形成了一层委托代理关系，管理者是委托人，普通职工是代理人。在高校后勤工作每一个层次的委托代理关系中，委托人为了保全自己的投资，获得满意的投资回报，都需要对代理人的行为和活动进行必要的监督和控制，绩效考评则成为重要的监督与控制手段。基于高校后勤工作的委托代理分析，我们认为，政府、高校和后勤管理者作为委托人，都是绩效考评的主体。

（二）考评目标

考评目标总是与考评主体相连的，不存在没有主体的抽象的一般目标。考评目标可以被视为考评活动的委托人和代理人进行博弈的结果。委托人和代理人各自拥有对方所欠缺的资源，为了共同的利益而进行合作。然而，委托人和代理人之间的利益不可能完全重合，代理人客观上存在"道德风险"和"逆向选择"，如果不在事前订约的时候就明确双方的权、责、利并建立起必要的控制机制，后面的代理成本就可能高得令人无法接受。由于利益上的共同性和冲突性，考评目标不可能是单方面确定的结果，而只能是谈判和"讨价还价"的结果，高校后勤工作的绩效考核目标也是这样。政府作为考评主体，要求高校能够积极执行高校后勤工作社会化改革的相关政策，确保后勤服务实体中的国有资产保值增值，要求高校后勤改革为高校带来办学效益的显著增加。高校作为考评主体，要求后勤服务实体为教学科研活动提供稳定有力的后勤保障，为师生提供质优价廉的服务，同时要求后勤服务实体为高校提供可观的投资回报。后勤服务实体的管理者作为考评主体，要求后勤员工爱岗敬业、履行职责、遵循规范、完成任务，为后勤服务实体创造良好的经济效益和社会效益。可见，不同的考评主体对考评对象有不同的要求，因此会确定不同的考评目标；同时，在不同的历史时期、不同的环境背景下，后勤工作的考评目标又不一样，我们很难找出一个普遍、共同的考评目标。然而，通过上面的分析，我们知道，虽然不同考评主体的考评目标不同，但它们都有一个共同的前提，那就是后勤服务实体必须创造出良好的经济效益和社会效益，离开了这一点，什么考评目标都是空谈。而后勤服务实体只要创造出良好的经济效益和社会效益，矛盾和冲突就会得到缓解，剩余的只是一个利益分割的问题了。

（三）考评对象

考评对象是考评活动的客体，是考评目标得以实现的中介和载体，是负有受托责任的组织和个人。在高校后勤的绩效考评中，考评活动可以指向的对象有：后勤服务实体、后勤管理者和后勤员工。对于后勤服务实体的考评是其中最核心的部分。后勤管理者和后勤员工是否尽心尽力地完成了受托责任，各个考评目标是否实现，各个考评主体的利益是否得到保证，都会反映在后勤服务实体的业绩上。

四、高校后勤工作绩效考评的原则

绩效考评活动和其他的管理活动一样，会受到很多主观和客观上的不利因素的影响，使考评活动偏离考评目标。具体而言，主要的干扰因素有以下几点：

（一）从考评者的角度来看

考核指标不可能都是定量的，大量的定性指标会受到考评者主观因素的影响，如个人好恶、偏见、心境等。不同的考评者对于同一考评对象可能会做出完全不同的判断，从而丧失必要的公允性和可靠性。

（二）从被考评者的角度看

被考评者在考评过程中，对于一些自我评价项目可能会有意"美化"自我、夸大业绩，还可能对考评活动存在抵触情绪、不予配合甚至采用不正当或不适当的手段对考评者施加压力，从而造成考评工作的困难，以及考评结论的失当。

（三）从绩效指标本身来看

绩效指标的设计本身是一门相当复杂的学问，它要求考评者对被考评对象有深刻的认识，从而反映关键的绩效因素。绩效指标有很强的导向性，会引导人们努力的方向。有时候评价工作未能达到预期目的，可能是由于绩效指标本身就不科学、不合理。

（四）从考评的过程来看

考评过程从发起到完成，实际上是一个信息沟通的过程，而信息沟通会受到"噪声"的影响，使信息在传播过程中发生扭曲和失真。考评者未对考评目的进行充分的解释，被考评者错误地理解了考评者的意思，考评信息在传递过程中发生丢失、非法"过滤"、延迟等，使考评者难以了解真实的情况。

正因为考评活动会受到种种不利因素的影响，要达到考评目的，我们从考评指标的设计，到考评工作的组织，到考评信息的收集、整理和分析，再到考评结论的得出以及反馈，都必须排除干扰因素，遵循正确的理念和规则。考虑到绩效考评的一般规律和高校后勤工作的具体特点，我们认为高校后勤的绩效考评必须遵循以下原则：

1.经济效益与社会效益评估相结合的原则

高校后勤工作兼具经济属性和教育属性两种属性，必须追求经济效益和社会效益的双重效益目标，这就要求高校后勤工作绩效考评同时考虑经济效益和社会效益，分别为其设计相应的绩效指标，而不能片面强调一个方面而忽视另一个方面。由于高校后勤工作必须把"三服务、两育人"作为自己的宗旨，必须把社会效益放在优先考虑的位置，因此在对其进行绩效考评时，必须为社会效益设计充足并且可以量化的指标，并且为这些指标赋予较大的权重。

2. 科学性与操作性相结合的原则

高校后勤工作绩效考评的科学性原则是指考评工作必须以相关的成熟考评理论为依据，有规范的考评流程、合理的考评组织、完善的考核指标，考评结果是可以验证的。"可验证性"是科学性的实质，也就是说，同一项考评工作由不同的人来做，结论不会有太大的区别。高校后勤工作绩效考评的操作性则主要是指考评指标和考评方法具有可理解性，指标简明扼要、定义明确、分类界限清楚、便于填报和统计，考评方法则简单易行，不需要专家来完成。科学性和操作性存在矛盾，科学的考评体系一般不易操作，而易于操作的考评体系又往往不够科学。合理的考评体系应该是在科学性和操作性之间尽量取得平衡的考评体系。高校后勤服务实体可以采取聘请专家主持设计、借助计算机等先进工具、对员工进行培训等办法，提高绩效考评体系的科学性与操作性。

3. 定性评价与定量评价相结合的原则

质量和数量是事物最基本的属性，事物有多方面的规定性，这些规定性有的可以量化，有的却难以量化，这就使得人们对事物性质的认识有的比较精确，可以用一定的数值表示；有的却比较模糊，人们只能说出它是什么，却无法告诉别人它有多少。定性评价是对事物性质是什么的评价，定量评价是对事物数量是多少的评价。定性评价一般不需要经过计算，主要是来自考评者的主观判断，可能"仁者见仁，智者见智"；

定量评价则需要经过计算，所得出的结果比较客观和精确。定性评价和定量评价特点不同，评价方法也不一样，但目的却是相同的，那就是通过定性评价和定量评价的结合达到对事物本质更加全面、深刻的认识。定性评价和定量评价是相互补充的，而不是相互取代的，轻定性、重定量或者轻定量、重定性，都是有失偏颇的。高校后勤的绩效考评中，有大量的因素是难以量化的，如后勤服务实体的发展前景、后勤服务的客户满意度、后勤员工的素质等，这些因素适合采用定性评价。然而，考评的定量化是一个发展趋势，一些发达国家的研究人员建立了很多数学模型去评价过去难以量化的因素。高校后勤工作的绩效评价，应该使定性评价和定量评价达到有机的统一。

4. 客观性原则

客观性原则和科学性原则有很大的相似性，二者都要求实事求是地认识事物，减少主观臆断。二者也存在一定程度的区别，科学性要求考评体系具有内在的逻辑性，必须是系统的、有序的，而客观性则更强调符合事物的本来面目，数据的来源和评价的结论必须是真实、可靠的。高校后勤绩效考评的客观性是指绩效考评的参与者必须如实地反映相关信息，在考评信息的搜集和加工处理过程中，应该尽量减少主观因素的干扰，考评的时候坚持多方征求意见，实施民主集中制。

5. 公平、公正、公开原则

公平原则是指高校后勤工作的绩效考评对同类的考评对象必须使用一致的标准，即人们常说的"一碗水端平"，考评者不因利害关系、人情交际、个人好恶而对同类考评对象厚此薄彼。公平是一个主观性很强的原则，对待自己，人们通常是夸大投入而压低回报，对待别人有时则正好相反。因此，要贯彻公平原则，考评者最好独立于被考评对象。公正是指考评者在考评过程中必须廉洁奉公、坚持正义，这是指考评者自身的立场和原则取向。公开是指考评的程序、方法和考评结果必须及时向被考评者公布，而不能搞"暗箱操作"。只有坚持公平、公正和公开的原则，绩效考评才具备权威性，考评结果才能被考评者心悦诚服地接受，才能真正发挥控制、激励、导向和沟通功能。

6. 相关性原则

相关性原则是指绩效考评必须与考评主体的决策相关，无论多么真实、准确、可靠、客观的绩效考评结论，如果对于考评主体的决策没有帮助，也是没有价值的。高校后勤绩效考评的相关性原则要求考评活动必须从考评主体的决策要求出发，紧紧围绕考评目标进行。考评活动不应仅仅考虑过去，还应该面向未来，指标的设计应具有前瞻性，考评的标准应具有挑战性。考评活动应符合及时性，不仅应该有静态的考核，而且应该有面向过程的动态考核。考评的时间安排不能相对于活动的进行滞后太多，考评的结果必须及时地报告给考评主体，处理的意见和改进的措施也必须及时地反馈给被考评者。

7. 成本与效益原则

成本与效益原则又被称为经济性原则，是指绩效考评所取得的效益不应低于付出的成本。高校后勤工作绩效考评是一个信息搜集、加工和报告的过程，而这个过程是需要付出成本的。可以用于绩效考评的资源是有限的，考评活动必须符合及时性原则，人们面对复杂多变的现实又仅仅具有有限理性，这些因素决定了绩效考评没有一个最优的结果，而只能取得一个尽量使人满意的结果。什么时候应该停止信息的搜寻，信息加工应该达到什么样的深度和广度，需要我们进行权衡和判断，但是无论如何，违背效益大于成本这一基本经济理性的做法是不可取的。

五、高校后勤工作绩效考评的程序与方法

（一）考评程序

评估工作所要遵循的基本程序和步骤是大致相同的，高校后勤工作的绩效评估也不例外。下面，我们对各个步骤进行简单的描述。

1. 确定评估对象和范围

在进行绩效考评前，首先必须明确评估对象和范围，评估对象的特征和范围，直接决定了评估活动的组织、方法和指标。高校后勤工作绩效评估的对象主要有后勤服务实体、后勤管理者和员工。后勤服务实体的业务活动比较复杂和多样化，一般被划分为不同的业务单元，组建为不同的后勤服务中心。从高校中剥离出来的后勤服务集团，虽然名义上实施的是企业化运作，但在实际上只是一种"准企业化"组织，不可能像一般的企业那样主要追求经济利益，其经营绩效也不可能主要反映为会计报表。这就决定了我们对后勤服务实体进行考评的时候，必须对业务性质不同的服务中心分别考评，再进行综合打分。后勤管理者分为高层管理者、中层管理者和基层管理者。越是高层的管理者，其活动越具有战略性，而越是基层的管理者，其活动越具有操作性，针对不同层次的管理者必须设计不同的考核指标进行考核。对后勤员工的考评也是一样，员工所在的部门不同，从事的业务活动不同，其考核体系也大不一样。

2. 确定评估计划和绩效目标

评估计划是由评估活动的组织者制订的，评估目标是由评估主体和被评估者协商确定的。评估活动实际上是从评估计划和目标的制订开始的。评估计划是对考评对象、考评目标、负责考评的单位、考评时间、考评进度、考评应达到的效果等做出整体的规划和安排。绩效目标是考评主体与被考评者"讨价还价"的结果，是考评相关者的主观愿望和客

观条件之间的平衡，事前充分沟通有助于目标的达成。绩效目标会因为不同的考评对象和考评主体而有所不同，但都要符合先进性、可行性的标准。

3. 确定绩效考评指标体系

绩效考评指标是绩效目标的分解和影响绩效关键因素的具体化，考核指标只有形成中介目标和关键因素的有机集合，才能对被考评对象有较全面、完整的认识和评价。单个的考核指标是没有任何意义的，只有形成体系才能发挥作用。绩效考评的指标体系包括指标、权重、评价标准和数学评价模型。

4. 试评

绩效考评指标体系设计是一项非常复杂的工作，不可能一次性就设计得非常完善。绩效考评是一项牵涉面很广、与人们切身利益相关的工作，非常重要，容不得丝毫大意，必须先经过小范围的试评然后再推广至整个考评对象。试评工作要注意的问题，一是试评样本的选取要合适，要具有代表性；二是试评工作要严肃，不能走过场；三是对于试评结果是否满意的判断应准确，一般应该重复一次。

5. 试评结果分析与评估体系修订

对于试评结果暴露的问题，应仔细分析是指标体系本身设计得不合理，还是试评对象的选取不具有代表性；是试评方法出了问题，还是试评态度不端正。找出原因后，对于试评结果中暴露的指标体系本身的问题要特别予以重视，及时进行有针对性的修订；对于试评过程出现问题的情况，则应采取重新试评或者追加试评样本等方法予以纠正。

6. 正式考评

在试评结果显示评估体系完整合理以后，就可以进入正式考评阶段了。正式考评应面对所有的考评对象进行合理的组织，力求绩效考评活动不耽误正常的生产经营活动。考评者应该向被考评者认真解释考评工作的注意事项，使被考评者可以完全领会。被考评者应及时填报相关资料，保证所填报信息的真实完整。正式考评应在比较短的时间内完成，以方便数据的统计汇总和考评结论的及时得出。在信息化工作做得比较好的高校后勤服务实体，可以考虑绩效考评工作的电子化和网络化，进一步提高考评工作的准确性和及时性。

7. 评估结论与反馈

在对绩效考评的数据进行整理、统计和分析的基础上，考评者应对照有关标准，对考评对象的绩效做出公允的评价。数据的统计分析可采用专门的计算机程序进行处理，以提高数据处理的精度和速度。分析评价应组成评审组，评审组应具有广泛代表性，切忌"一言堂"和主观臆断。对于复杂的考核项目，如工程完成的质量和效益，应聘请专业人士参与评价。得出绩效考评结论后，应尽快反馈给被考评者，并给被考评者以解释和申诉的机会。反馈既可以采取书面的形式，也可以采取面谈的形式。

8. 评估结果的运用

绩效考评结果可以用于国家在确定优惠扶持政策时的参考，可以作为管理者晋升或降职的依据或者管理者薪酬的确定标准，也可以用于员工的奖惩。绩效考评的激励、控制、导向功能的发挥，是建立在考评结果正确运用基础上的。首先，不能曲解考评结果；其次，必须按照制度的规定办事，赏罚分明，一视同仁；最后，评估结果应在最初设定的范围内使用，不能人为地扩大或者缩小其用途。

（二）主要考评方法

在长期的绩效考评实践中，人们探索了很多行之有效的方法。对于不同的考评对象，考评方法不同，有的方法适用于对整个组织的评价，有的方法适合于对管理者的评价，有的方法则是专门用于普通员工的考评。对于不同的考评内容，考评方法也不同，有针对工作行为的，也有针对工作成果的。在这里，我们难以尽数列举所有的考评方法，只是选择重点的、有代表性的方法予以介绍。下面介绍的六种方法，主要适用于对后勤服务实体的考评和对于后勤管理者的考评。

1. 问卷调查法

问卷调查法是通过事先设计好的问卷，了解被考评对象的信息并据此做出评价的方法。在进行绩效考评的时候，存在许多难以量化的方面和环节。对于后勤服务实体来说，其服务水平、服务态度、发展潜力等，很难找到准确的量化指标去测度。对于后勤管理者和后勤员工的素质、工作态度、工作能力、工作作风等因素的考评，也存在主观性很强、缺乏现成资料、指标难以量化等问题。采取问卷调查法，可以收集比较全面的评价信息，通过分析发现潜在的问题。问卷调查法成功与否的关键在于问卷的设计，问题设计要具有客观性、准确性，不同的问题要注意相互的关联，还要考虑统计上的方便；提问方式要合理，自由式回答和选择式回答均可，但要避免暗示和诱导。在表6-1中，我们给出一些问题的范例。这些范例仅供参考。

表6-1　高校后勤绩效考评问卷设计范例

问题	选项
高校学生公寓管理	
1.公寓的楼道、卫生间是否按时清洁?	A. 很及时 B. 有时不按时 C. 经常不按时
2.公寓的门房是否对来客进行登记?	A. 总是登记 B. 有时登记 C. 从不登记

问题	选项
高校学生食堂管理	
1.饭菜是否可口?	A.很不错 B.一般 C.很差
2.饭菜品种是否多样化?	A.品种很齐全 B.品种较多 C.品种单一
3.饭菜价格如何?	A.偏高 B.适中 C.低廉
高校后勤维修服务	
1.后勤维修部门是否开通了专门的维修电话?	A.是,总是有专人服务 B.是,但有时无人接听 C.否
2.维修部门的服务是否很及时?	A.总是很及时地提供服务

2.访谈法和座谈会法

对于难以量化、没有现成资料的考核项目,除采用问卷调查法外,还可以采用访谈法和座谈法来进行考评。访谈法是考评人员直接到被考评的部门走访或者找相关的人员谈话以了解相关情况的方法;座谈法是召集被考评者的服务对象、上级、下属等人员一起讨论被考评者绩效的方法。访谈法成功的关键在于找到知情并且愿意报告的人员,考评人员要注意提问的方式,并注意回答者的反应。座谈法则要注意参加座谈的人员的代表性,要选择一个好的主持人,从而保证通过座谈能够从各个方面了解被考评者的实际情况。对于高校后勤服务实体的考评,除分析其财务会计资料和其他资料以外,还可以组织高校的相关行政管理人员、老师和学生代表召开座谈会,了解后勤实体的服务水平和对教学科研活动的保障力度。对于后勤管理人员的考评，则可以采用到其所在部门走访的办法，了解其工作实绩。

3. 文字描述法

文字描述法是要求相关人员写出关于考评对象的书面报告，描述其在规定时间范围内取得的工作成绩和存在的问题。文字描述法的优点是可以比较详细地展现被考评者的实际业绩。文字描述法成功的关键是要找到十分了解被考评者的实际情况、愿意如实报告并且文字功底较好的人，他（或她）必须跟被考评者没有实际的利害冲突，必须比较独立、公正而且有动力参与绩效考评。在实际的考评活动中，这样的人很难找。在高校后勤服务实体的考评中，可以组织老师和学生对后勤服务的情况编写调查报告。在对后勤管理者的考评中，可以邀请具有一定知识水平和较强正义感的员工对其进行书面报告。

六、高校后勤工作绩效考评指标体系的建立

（一）绩效考评指标的分类

绩效考评指标的类型因考评内容、绩效的特性等不同，可以有不同的类别划分。我们习惯上从以下三个方面进行划分：第一，从指标量化的程度上可分为软指标和硬指标。软指标指的是需要通过人的主观判断而得出的考评结果的考评指标，硬指标指的是能以数量表示考评结果的考评指标。第二，从考评内容上可分为工作业绩指标、工作能力指标和工作态度指标。第三，从指标的模块构建上可分为特质指标、行为指标和结果指标。在这里，我们结合高校后勤工作实际，着重从考评内容和模块构建上进行分析。

1. 工作业绩指标、工作能力指标和工作态度指标

（1）工作业绩指标

该指标是指工作行为所产生的结果，主要表现为某职位的关键工作职责或一个阶段性的项目，也可以是年度的综合业绩。具体指标表现形式通常有数量指标、质量指标、工作效率指标以及成本费用指标等。在日常工作中，无论是对组织的考评还是对个人的考评，业绩指标都是重要的考评指标之一，它在考评体系中所占的权重比例较大，是考评的重点项目。

（2）工作能力指标

该指标也是绩效考评的一项必不可少的内容。在实际工作中，由于受社会环境、工作环境、人际环境的影响以及工作性质的不同，加上工作业绩本身具有多因性、滞后性和难以测量性等特性，要真实地反映一个人对组织的贡献，必须对其工作能力进行相应的考评。

当然，对工作能力考评的重点是被考评职位对任职者所要求必须具备的能力，一般包括学识、智能、体能和技能等几项内容。学识包括文化水平、专业知识水平、工作经验等内容；智能包括记忆、分析、综合、判断、创新等能力，即认识客观事物获得知识并运用知识解决问题的能力；体能是一个人身体状况的表现；技能包括操作、表达组织等能力。

（3）工作态度指标

工作态度决定工作成效，对后勤职工来说更是如此。后勤服务的大部分工作岗位属于体力劳动性质，只要身体健康，有什么样的工作态度就会有什么样的工作效果。因此，在考评中一定要把工作态度纳入考评指标。

工作态度的表现主要有：纪律性、协作性、积极性、主动性、服从性、归属性、进取精神、奉献意识、敬业意识等。

2. 特质、行为、结果指标

（1）特质指标

特质是指一个人所具有的神经特性。可以用特质对一个人进行描绘，如友好的、谨慎的、爽快的、争强好胜的、慷慨大方的、吝啬的等。对特质指标进行考评，可以看出一个人在外向性、和悦性、公正性、情绪性和创造性等方面所具有的特点。对特质指标的考评，主要适用于对一个人未来工作潜力做出预测，适合于对职务晋升等方面的运用。但在考评特质指标时，由于观测点不在工作绩效方面，因而容易使职工产生不公正感，预测效度也不高。

（2）行为指标

人的行为是一个多学科研究的课题。管理心理学家认为行为是指人们由简单动作构成的有目的的活动，生理学家认为行为是人体器官对外界刺激所产生的反应，现代心理学家一般认为行为是有机体的外显活动，哲学家认为行为是人们日常生活中所表现的一切活动。实际上，在绩效考评的过程中，对行为指标的考评主要关注的是一个人在日常生活和工作中表现的各种活动。这种考评适用于可以通过单一的方法或程序化的方式实现绩效标准或绩效目标的职位。行为指标不太适合那些采用多种不同的行为都能得到有效绩效的工作。

（3）结果指标

结果指标关注的是完成了什么或生产了什么，而不是怎样完成或怎样生产的，注重结果而不注重行为过程。这种考评具有较强的操作性，是一种以结果为导向的考评，特别适合于具体生产和操作等方面的员工。但容易使考评对象为了达到一定的结果而不择手段，使组织在获得短期效益的同时丧失长期利益。

（二）绩效考评指标的基本要求

为了保证绩效考评过程的可操作性及考评结果的公正性，在制定绩效考评指标时，我们一定要遵循指标制定的原则和方法。

1. 明确性

制定的考评指标一定要明确、具体，对工作数量、质量，责任的轻重，业绩的高低，态度的优劣要给出明确的界定和具体的要求，不能模糊不清。

2. 可操作性

制定的各项指标易于衡量，不宜定得太高，应最大限度地符合实际需求。例如，饮食服务的满意度相对于保洁、公寓管理等就要略低一点。因为饮食服务是后勤服务的难点、焦点，是学生关注的热点，指标定得太高，让学生满意率超过 90% 是很难实现的。

3. 可比性

对同一层次、同一职务或同一工作性质岗位的指标必须在横向上保持一致。

4. 细分化

指标是对工作目标的分解，要使指标具有较高的清晰度，必须对考评内容进行细分，直到指标可以直接评定为止。

5. 少而精

指标应当简单明了，容易被执行、被接受和被理解。只要抓住了关键指标，能够反映工作的主要要求，就应能简则简。简单的结构可以使考评信息处理和考评过程缩短，提高考评的效率，降低考评成本。例如，对后勤中层管理人员综合素质的考评，指标项目就不宜面面俱到，而要根据考评的目的，以能显现和满足需要为宜。

6. 稳定性

经过一定的程序确定指标之后，一定要保持相对稳定，至少要保持一个考评周期指标不变，不能在考评的过程中随意更改。

7. 量化

指标的制定要尽可能量化，不能量化的要将工作内容过程化，不能过程化的要进行细化，直到不能细化为止。

8. 其他

考评指标还应该具有现实性、针对性、可控性等其他原则。

（三）绩效考评指标的权重与赋值

由于每一个考评指标在整个考评体系中的作用程度和重要程度不一样，因此，绩效指标确定之后，还要将每一项指标纳入整个指标体系中进行权重和赋值的确定。

1. 考评指标的权重

权重是绩效考评指标在整个考评体系中的相对重要程度和对整个绩效的相对贡献大小的体现，考评指标权重的确定应遵循的原则有以下几点：

第一，以战略目标和工作重点为导向。对后勤实体的管理而言，如在考评饮食服务时，饭菜质量和安全卫生指标的权重要高于服务态度和花色品种等指标的权重，因为，决定饮食服务工作好坏的根本指标应是饭菜质量和安全卫生。同样，在考评公寓管理工作时，服务态度指标的权重要高于卧具更换等指标的权重，因为学生公寓管理人员的服务态度决定公寓管理的服务质量和服务形象。

第二，各指标或目标权重的比例应该呈现差异，避免平均主义。

第三，评估者的主观意图和客观事实相结合。权重分配在同级别、同类型岗位之间要一致，但要考虑不同的目的、考评岗位的性质、岗位级别的特殊性等。比如，被考评者的职位不同，绩效指标的侧重点就不同。对于管理人员，部门绩效和能力指标的权重就相对较高；对于服务人员，则侧重于服务态度和服务效率。另外，绩效考评的目的不同，其对绩效考评指标的权重比例也不相同。比如，当绩效考评的目的是用于奖金分配时，其业绩指标所占的比重就要大；当绩效考评的目的是用于人事决策时，能力方面的指标所占的比重相应地就要加大。

2. 考评指标的赋值

赋值就是按照一定的标准，根据指标之间的差异程度，给每个指标赋予一定的分数。如管理人员个人品质指标中不同项的分值就存在差异。在考评管理人员个人品质指标时，首先确定其品质指标构成的项，如敬业、忠诚、诚实、合作、勤奋等。在这五个项中，敬业应该占30%的权重，合作应该占25%的权重，忠诚、诚实、勤奋应该各占15%的权重。

赋值的方法有多种，但常用的方法有标准赋值、等级赋值和常规赋值等。标准赋值是指首先设定一个标准，然后按照达到标准的程度给每项指标赋值的方法，赋值可以是递减赋值，也可以是加减赋值。等级赋值是指按照达到指标的程度分若干等级，并按照每个等级打分的方法。常规赋值是按照事先的规定给每个评估指标赋值的方法。

（四）高校后勤绩效考评指标体系的构建

绩效考评指标体系就是一组既独立又相互关联，并能完整地表达绩效考评目的和被考评对象评价要求的考评指标，考评指标体系可以使比较零散、孤立的各个指标构成一个有机的系统。要实施绩效考评，就要首先建立绩效考评指标体系，这是绩效考评的中心环节，具有十分重要的作用。

1. 绩效考评指标体系的构成

（1）考评指标

指标体系是由一组既独立又相互关联的考评指标联结组合而成的。在考评过程中，要实现对绩效状况的度量和反映必须依靠对每一个指标的评价。所以，考评指标是构成指标体系的基本要素。比如，在高校后勤实体绩效考评指标体系的构成中，有用来反映组织贡献的经济指标和服务质量指标，有用于考评中层管理人员的业绩、能力、品质等指标。考评指标选取得正确与否，会直接影响真实的绩效状况是否能够被反映，直接影响职工是否会按照组织的要求去约束自己的行为。考评指标的选取是绩效考评工作最基础和最重要的一部分。

（2）指标权重

指标权重反映的是考评指标在整个考评体系中的相对重要程度。考评指标体系是由一个个指标构成的，尽管各种指标对指标体系的构成来说都是不可缺少的，但不同的指标在整个指标体系中的重要程度是不同的。所以，我们需要对每一个指标进行分析比较，看其在指标体系中的作用，然后以权重或赋值的方式予以体现。在后勤实体中，同样的指标如服务质量指标，在考评服务型单位和经营型单位时其权重是不同的。比如，服务质量指标在服务型单位的考评中所占的权重最大，而在经营型单位的考评中，它的权重应次于经济目标的权重。

（3）考评标准

确定了考评指标，明确了指标的权重，是否就可以进行考评了呢？其实，仅有这些还不能对员工进行精细、准确的评价。因为指标本身只是考评的一方面内容，若不进行优与差的标准制定，仍无法进行结果的比较。考评标准实际上就是人们事先对同一考评项目确定的"参照系"。

2. 绩效考评指标体系设计的原则

（1）平衡性原则

平衡性原则是整体性原则的延伸，指的是指标体系的设计必须反映组织各部门和各层次之间的相互关联，在指标范围和口径上没有交叉和重复，不同部门和不同人员的绩效指标要保持平衡。例如，后勤实体在对其部门、中层管理人员和职工的考评体系中，对中层管理人员的考评要素常常与部门的业绩和职工的管理相关，这是由中层管理人员的工作性质、工作职责所决定的。但在制定考评体系的时候，一定要使交叉的内容保持权重和分值的平衡，不能顾此失彼。

（2）精细化原则

考评指标体系的结构要精而细，这样的指标体系可以缩短信息处理的过程，提高考评的效率。在高校后勤的考评中要学会抓住关键指标以体现精细化，如果抓不住关键指标，就有可能破坏指标体系的整体性。

3. 后勤实体绩效考评指标体系的构建

高校后勤经过后勤社会化改革之后，形成了后勤管理组织和后勤实体组织的结构模式。后勤实体作为服务单位，在职工队伍数量上具备了相当的规模，绝大部分学校的后勤实体都下设了相对健全的二级机构，如办公室、人力资源部、财务部等管理部门，饮食服务公司（中心）、学生公寓管理服务公司（中心）、动力服务公司（中心）、物业管理公司（中心）等经营服务型单位。另外，还有不少学校为了扩大经济增长点，拓宽服务范围，适应市场需求，还成立了纯经营性单位，如酒店、宾馆、车辆服务、修建服务、绿化服务等。随着后勤实体的发展和壮大，后勤实体对其下设组织单位的考评已经成为一项重要的管理任务和管理难点。

对下属单位进行绩效考评必须建立相应的考评指标体系。由于各个学校的后勤实体在规模、服务范围、运行机制等方面存在较大的差异，鉴于此，我们将根据单位承担的主要职责和性质，按照管理型单位、服务型单位的不同来进行绩效考评指标体系设计的探讨。

（1）管理型单位

一般而言，具有相当规模的后勤实体单位都设有办公室、人力资源部、质量监控部（劳动管理部）、计划财务部等。这些机构在后勤实体的运行中，根据集团（中心）赋予的职责，承担集团（中心）某一方面工作的组织、协调、监督和为基层单位服务的职责。所以，对其绩效考评的指标体系有别于服务型单位。

管理型单位考评指标由工作效率、服务质量、综合管理、安全管理四大项目组成：

① 工作效率指标的要素主要有完成工作的情况、执行效力的情况和综合协调的情况等。

② 服务质量指标的要素主要有服务的及时性、服务对象对其服务的满意度、在服务过程中被投诉的次数等。

③ 综合管理指标的要素主要包括对员工的培训情况、员工的考评管理情况和员工对其管理情况的满意度。

④ 安全管理指标的要素主要包括安全组织的健全情况、安全责任的落实情况、安全制度的完善情况、安全事故的发生情况等。安全管理的指标也可被纳入综合管理的指标中，之所以将其单列，旨在强调其重要程度，因为后勤安全无小事。

根据管理型单位不同的考评指标反映管理型单位实际绩效的作用和程度不同，可将其权重平衡排序为：工作效率指标≥服务质量指标≥综合管理指标≥安全管理指标。当然，各个学校的具体情况不同，指标的权重分配比例可因学校的情况不同而不同。

（2）服务型单位

在后勤服务实体的下设单位中，服务型单位主要承担为学校教学、科研和师生生活提供后勤服务和保障的职责，服务是其生存和发展的根本性任务。所以考评的重点是服务质量、社会效益和广大师生员工的满意度。这些服务型的单位主要有饮食服务、公寓管理服务、收发服务、开水洗浴服务、教材服务等。另外还有一些单位因管理模式不一样，既可作为服务型的单位，也可将其划为经营服务型单位，如动力服务、幼儿教育服务等。

服务型单位考评指标由服务质量、经济效益、综合管理、安全管理四大项目组成：

① 服务质量指标的要素主要有服务的硬环境，如服务设施、设备的水平和完好程度；服务的软环境，如服务形象、服务态度、服务语言、服务的熟练程度等；另外还有服务的及时性、服务的满意度及服务被投诉的情况等。

② 经济效益指标的要素主要是指年度经济目标的完成情况。由于服务型单位的主业是服务而不是创收，其经济目标的主要表现是年度支出的多少，因此经济目标也可被称为年度支出目标。

③ 综合管理指标的要素主要包括对员工的培训情况、员工的考评管理情况和员工对其管理情况的满意度。尽管综合管理的要素和管理型单位的要素相同，但由于服务型单位的规模相对比较大，管理的难度也同比加大。因此，综合管理对服务型单位的考评而言是不可或缺的，其要素还可根据各个学校的具体情况，以及各个时期的工作目标、工作重点进行增设和调整。

④ 安全管理指标的要素主要包括安全组织的设置、安全责任的落实、安全制度的完善情况、安全事故的发生情况等。安全管理指标对服

务型单位的考评显得特别重要。所有后勤服务和后勤保障都必须在安全的前提下开展，离开了安全的环境，就不可能有良好的服务。

在服务型单位的四个考评指标中，依据服务型单位的性质和主要职责，可将其权重顺序确定为：服务质量指标≥经济效益指标≥综合管理指标≥安全管理指标。各个学校可根据不同时期的目标和重点工作进行相应的调整。

第二节　高校后勤服务实体绩效考评

一、高校后勤服务实体绩效考评的必要性判断

在简要分析了高校后勤绩效考评的概念、主体和对象之后，大家可能会对高校后勤的绩效考评有了一个初步的认识。但由于高校后勤实体在规模、管理体制、运行机制等方面存在较大差异，基于这样的差异，有人可能存在疑问：高校后勤服务实体难道都需要进行绩效考评吗？带着这一问题，笔者从后勤服务实体管理实际和后勤服务实体的规模等方面进行分析。

（一）后勤服务实体的管理实际是否需要

一般而言，作为一名后勤管理人员或基层职工，只要在管理和工作的实际中遇到以下问题时，就应该考虑实施并加强绩效考评管理了。

管理人员遇到的问题：准备给工作出色的人员奖励但无法操作，因为怕顾此失彼而引起他人的不满；有些员工能力不足，却不能准确地判断其差距在哪里；某些员工能力较强，业绩不错，想予以晋升，却找不到晋升的依据等。

基层员工遇到的问题：自己兢兢业业，辛苦一年，想知道自己的业绩状况，想得到及时、公正的评价、指导和认同；为了做好自己的本职工作，期望组织明确自己的责任与目标；为了做好工作，想得到上级的支持和帮助；某些事情做得不好，想获取解释的机会，以消除误解，化解矛盾，更好地工作。

（二）后勤服务实体的规模程度是否适用

1.20 人以下的企业没有绩效考评的必要

20 人以下的企业，管理者与员工之间、员工与员工之间相互比较了解，而且员工的工作职责和任务常常变化不定，日常的管理可以通过直面沟通交流，或者口头表扬、批评等方式进行，管理者与员工比较容易形成较为准确的评价。另外，企业内部没有专人负责人事工作和专设的人事机构，不具备考核的条件。

2.20 ～ 80 人的企业需要进行简单的绩效考评

20 ～ 80 人的企业，管理者与员工之间、员工与员工之间对相互工作的状况不太了解，员工的工作职责和任务相对稳定，内部已设置了简单的组织结构，有专人负责人事工作，而且组织成员之间已形成了较多的小团体，团体之间的员工很难有正式的交流，彼此很难形成客观的评价。如果这样的企业进行全面、系统的绩效考评，那么将会付出大量的时间、精力、财力，而且效果也不明显。

3.80 人以上的企业需要进行系统的绩效考评

80 人以上的企业，管理者与员工之间、员工与员工之间沟通渠道已经多样化、复杂化，员工之间相互不认识的概率不断加大，员工的工作职责更加细化和专业化，内部已形成了健全的组织结构，有专设的人事机构，已经完全具备绩效考评的内部必要条件和现实意义。

各高校是否需要实施绩效考评，归根结底还是一切从工作实际、思想实际出发，因地制宜，因校而异，因时而变，不能盲目实施，更不能墨守成规，只进行经验管理而不开展有效的科学管理。

二、高校后勤服务实体的绩效目标

可持续发展是高校后勤服务实体总的战略目标，其含义十分丰富。

一方面，高校后勤服务实体要"发展"，而发展是全面的进步。对于"发展"，我们可以主要从以下几个方面来理解它：第一，后勤服务实体业务量、营业收入、利润、资产总额等财务指标绝对额的增长；第二，上述指标相对额的增长，即其增长必须不低于同行业的平均增长水平；第三，后勤服务实体收益质量、资产质量的改进；第四，后勤服务实体市场占有率、顾客满意度等竞争能力指标的提高；第五，后勤服务实体管理制度的规范、管理水平的提高。

另一方面，"发展"必须是可持续的。后勤服务实体发展的可持续性主要体现在以下几个方面：第一，后勤的经营管理者总是追求长期的效益最大化，而不是片面追求短期的高增长和高盈利；第二，后勤服务实体和政府、高校、社区、合作伙伴、顾客等利益相关者建立起长期的良好关系，从而使其发展有良好的外部环境；第三，后勤服务实体始终坚持服务于高等教育事业和高校的发展，尊重并保护高校师生员工的权益。总之，要实现可持续发展，高校后勤服务实体必须兼顾经济效益和社会效益的发展目标，全面满足社会和利益相关者的要求。

可持续发展是高校后勤服务实体的长期目标，然而正如古语所言："不积跬步，无以至千里。"长期目标的实现是以年度目标、季度目标甚至月度目标的完成为前提的。制订科学、合理的短期目标是十分关键的。不同年度，后勤服务实体有不同的工作重点，例如有的年度会着重抓存量资产的盘活，有的年度会集中精力建章建制，有的年度会大力改善服务环境，有的年度则会高投入地进行员工培训。这些不同的工作重点，会使短期绩效目标有所不同。我们必须做好短期目标与长期目标的平衡工作，不能因为领导的注意力发生了变化，就忽视了基础性的工作，业务流程的规范化、内部控制制度的完善、员工素质的不断提高，诸如此类的工作是必须常抓不懈的。

后勤服务实体的绩效考评目标除被分为长期目标和短期目标外，还可以被分为不同的方面。第一个方面是管理层次的考评目标，主要是指后勤服务实体管理工作所需要达到的境地，重点反映经济效益、后勤工作管理制度建设和执行情况等。第二个方面是服务层次的考评目标，主要是指后勤服务实体的服务质量、数量、价格、成本、便利程度等。第三个方面是基础条件层次的考评目标，主要是指后勤工作中的营业场所、设备、员工素质、领导能力等。

二、高校后勤服务实体绩效考评的组织

高校后勤服务实体绩效考评的组织主要包括考评的负责单位、考评工作规范、考评人员安排、考评时间和频度等方面。下面，我们分别予以介绍。

（一）考评的负责单位及其组织架构

考评的负责单位应该由考评主体指定，并对考评主体负责。关注高校后勤服务实体整体绩效的，主要有政府相关决策部门、高校和后勤服务实体的高层管理者。对于高校后勤服务实体的考评，政府主要由教育行政部门来主导，同时银行、税务、城建等单位可能会参加；高校则主要由其后勤行政管理机关来组织，对学校的决策管理层负责。下面，我们主要介绍后勤服务实体内部进行整体绩效考评的组织结构设计，具体而言可以被归纳为以下几种：

1. 由人力资源部门主导进行

人力资源部门负责整个后勤服务实体的人员招聘、续聘、解聘、培训等活动，其工作对象是包括管理者和普通员工在内的所有工作人员。由于在进行人事考评的时候，必须考虑工作绩效的外在表现，即后勤服务实体的业绩，因此，人事考评包括实体考评的部分内容。由人力资源部门主导进行，但必须获得其他部门特别是财务部门的支持。

2. 由财务部门主导进行

传统企业绩效考评，主要关注的是一些财务指标，在这种情况下，财务部门在考评系统中处于主导地位。财务部门是后勤服务实体的信息中枢，财务会计信息是后勤服务实体业绩的综合表现。然而，财务会计信息一般是反映后勤服务实体过去的经营成果，对于体现后勤服务实体发展潜力和竞争优势的大量非财务指标是难以进行测评的。

3. 在后勤服务集团董事会下设考评委员会

在西方国家的现代公司制企业中，董事会一般下设管理者薪酬委员会，它虽然负责确定管理者薪酬计划，但本质上是一个考评机构。在进行高校后勤工作社会化改革以后，很多后勤服务实体成为独立的法人单位，实施包括股份制在内的产权改革。设有董事会的后勤服务集团，可在董事会下设考评委员会，负责后勤集团考评工作的协调和组织工作。

前两种考评组织形式都是由某一个职能部门来牵头的，其权威性和独立性有限，第三种组织形式则比较好地解决了这个问题。

（二）考评工作规范

考评工作的有效进行必须依据合理的考评工作规范。考评工作规范由负责考评的部门或者机构制定并督促执行。考评工作规范包括考评人员的资格和素质要求、考评工作的基本程序、考评工作的关键环节、考评活动的工作方法，以及与其他部门的沟通和协调等。在传统的高校后勤工作考评活动中，缺乏考评工作规范是一个比较突出的问题，使得考评活动主观性、随意性比较大。因此，建立科学、合理、可行的考评工作规范，应成为高校后勤工作制度化、规范化的一个有机组成部分。

（三）考评人员安排

考评人员安排首先要解决好考评人员的资格和素质问题，考评人员必须具备一定的知识水平和工作经验，对被考评部门的业务活动有相当深入的了解，并熟悉考评工作的程序、方法和技巧。其次，必须解决好考评人员的专业结构问题。考评对象专业领域、业务特点的不同要求考评人员最好具有不同的专业背景。例如，考评人员中应该有懂工程的、懂财务的、懂营销的、懂物流的等。最后，必须解决好考评工作的人员调配问题，即怎样把有限的人员分配于不同的考评项目，提高人员的工作效率。

（四）考评时间和频次

考评部门应制订比较详细的工作计划，对考评时间和频度做出安排。考评主要有事后考评和事中考评两种，事后考评一般要在活动完成后几个星期内进行，以确保考评活动的及时性；事中考评则要安排在活动完成的不同阶段，每一阶段的工作完成后都要及时进行考评。考评活动特别是事中的考评活动，会对考评对象的工作造成一定程度的影响，完善的考评计划应该把这种不利的影响尽量缩小。考评部门由于人员和经费的限制，也只能集中精力完成数目有限的考评项目。这些因素决定了考评工作一是要尽量安排在被考评对象活动的间歇期，二是考评次数不宜过频或者过少。

第三节　高校后勤管理者的绩效考评

一、绩效考评目标

高校后勤管理者对于后勤服务实体的业绩负有主要责任，因此，后勤服务实体的绩效目标很大程度上也是后勤管理者的绩效目标。然而组织与个人毕竟不同，后勤管理者的绩效目标主要包括以下几点：

（一）组织后勤服务实体的经营活动，创造良好的经济效益

在实施高校后勤的社会化改革以后，后勤服务实体要面临市场的竞争，承担经营的风险，并实现自我的发展，后勤管理者在很大程度上扮演着企业家的角色。企业家需要具备捕捉市场机会的能力和敢于冒险的精神。优秀的后勤管理者，必须为后勤服务实体制定正确的发展战略，积极主动地开拓市场，提高营业收入，控制经营成本，从而创造良好的经济效益。营业收入增长率、利润增长率、市场占有率、经济增加值等指标就是这一目标的最好体现。

（二）培育优秀的后勤文化，创造良好的社会效益

高校后勤必须履行社会责任、创造良好的社会效益才能实现可持续发展，这是我们反复阐明的一个观点，它要求员工时刻把为高校提供有力的后勤保障、为师生提供优质的服务作为自己的信念。要使员工树立这样的信念，必须有良好的后勤文化作为后盾。后勤文化的形成，后勤服务实体的创业者和领导者的价值取向发挥着至关重要的作用。如果后勤管理者不重视社会责任的履行，又怎能要求员工时刻把顾客的利益放在心头，用优质服务赢取顾客的忠诚呢？优秀的后勤文化表现为良好的

后勤品牌形象，正因为如此，后勤品牌的知晓度、知名度、美誉度就成为后勤管理者重要的考评指标。

（三）激励与培训员工，实现员工和后勤服务实体的共同发展

管理要以人为本，管理的人本原理的核心是实现员工和组织的共同发展。对于高校后勤管理而言，更要强调以人为本。管理的问题、服务的问题，说到底都是人员素质的问题。只要员工能发挥自身的积极性和创造性，很多问题就能迎刃而解。因此，后勤管理者应该关心员工，并给予员工充分的信任，设计良好的激励机制，使员工能够从切身利益出发来关心组织、努力工作。由此可见，员工满意度也是后勤管理者重要的考评指标。

（四）做好行为楷模，发挥人格魅力

领导的权力有多种来源，主要有职权、专长权和个人影响力。领导要想真正地拥有权威，获得下属的追随，必须把权力主要建立在专长权和个人影响力上，而不能处处以权压人、以势压人。专长权是由不可替代的知识、经验、技术所带来的权力，后勤管理者应该精通管理和经营方面的知识，熟悉财务、营销、生产、物流等方面的专业知识。因此，学历、技术职称等也成为后勤管理者重要的考评指标。个人影响力是由领导的人格、风度、魄力、道德等因素所带来的权力。对于后勤管理者，我们必须评估其在公众、员工、客户心目中的形象，测定其声誉和领导力。

二、绩效考评的内容

后勤管理者的绩效考评主要包括两个方面：贡献考评和能力考评。

（一）贡献考评

贡献考评是指考评和评估管理者在一定时期担任某个职务的过程中对实现组织目标的贡献程度。贡献往往是努力程度和能力强度的函数，因此贡献考评可以成为决定管理者报酬的主要依据。实施贡献考评时需要注意以下两个问题：

第一，必须区分管理者的个人努力和部门的成就，即力求在其所辖部门的贡献或问题中辨识出有多大比重应归因于主管人员的努力。这项工作在实践中可能是十分困难的，但也是非常重要的。因为在个人提供的努力程度不变的情况下，外部完全可能发生不可抗拒的、内部无能为力的、但对目标的实现又起重要促进或阻滞作用的变化。组织中存在一些"陷阱"部门，令管理者们一筹莫展。这种部门的产生，往往与环境的变化有关，超出了管理者可以控制的范围。因此，对于管理者的考评不应以成败论英雄，而应该在对管理者的工作努力给予充分肯定的前提下，深入地挖掘产生成绩或者不足的环境因素或者制度因素。

第二，贡献考评既是对管理者的考评，也是对"管理者的管理者"的考评。对于后勤服务实体而言，其业绩的好坏有时候不完全是其主管人员的成就或者责任。政府和高校的主管机构和人员可能会因为自己的利益和喜好向后勤服务实体提出一些不切实际的目标，作为某些优惠和扶持政策的"交换手段"。因此，对于政府和高校从事高校后勤行政管理的人员来说，在对后勤管理者进行绩效考评的时候，也应该注意自我的反省，明确双方的责任。

（二）能力考评

贡献考评虽然可以在一定程度上反映管理者的工作能力，但不仅仅取决于后者。能力的高低与贡献的大小并不存在严格的对应关系。为了有效地指导后勤服务实体的人事调整或培训与发展计划，还必须对后勤管理者的能力进行考评。能力考评是指通过考察管理者在一定时间内的管理工作，评估他们的现实能力和发展潜力，即分析他们是否符合现任职务的要求，担任现职后素质和能力是否有所提高，从而是否可以担任更重要的职责。

　　能力考评虽然重要，但在实施的过程中存在一定的困难，难以像贡献考评那样、客观和量化，往往比较抽象、模糊，容易受到主观因素的影响。卓越的决策能力、用人能力、沟通能力、创新精神等，无疑是优秀的管理者所必须具备的基本素质。这些素质要求我们把一些硬件指标（如学历、职称等）和软件指标（如关键的事件、员工的看法、上级的意见等）结合起来，以综合评定管理者的能力。

参考文献

[1] 白颖新 . 关于高校后勤内部控制建设的探讨 [J]. 当代会计，2021（12）：158-160.

[2] 鲍博，张文平，贾水库，等 . "三全育人" 视阈下高校后勤工会的地位与作用：以 北京科技大学为例 [J]. 北京市工会干部学院学报，2020，35（03）：36-41.

[3] 陈玉保，王立军，杨亚梆，等 . 高校后勤非编员工薪酬管理体系研究 [J]. 办公室 业务，2023（04）：163-165.

[4] 凡友娥，彭晶 . 高校后勤内控建设的现状及实施对策 [J]. 中国乡镇企业会计，2023（05）：150-152.

[5] 高山 . 高校后勤员工培训存在的问题与应对策略 [J]. 中国培训，2020（07）：52-53.

[6] 金凯 . 服务育人视角下高校后勤党组织建设研究 [J]. 辽宁经济职业技术学院 . 辽宁 经济管理干部学院学报，2023（01）：54-56.

[7] 金凯 . 三全育人背景下高校后勤服务育人路径研究 [J]. 湖北开放职业学院学报，2023，36（08）：45-46＋49.

[8] 李琳琳 . 高校后勤服务育人的途径探讨：以中国矿业大学（北京）学院路校区为 例 [J]. 高校后勤研究，2021（07）：36-38.

[9] 李瑞扬 . 明确高校后勤管理思路，提升管理者能力 [J]. 科教文汇（上旬刊），2016（34）：124-125.

[10] 路永，郭侠，郝明炬，等 . "三全育人"视域下高校后勤服务育人功能提升研究 [J]. 就业与保障，2022（05）：139-141.

[11] 马元 . 高校后勤管理存在的问题及改革对策探究 [J]. 品位·经典，2018（05）：83-85.

[12] 田晓芳 . 高校后勤管理队伍建设问题浅析 [J]. 高校后勤研究，2023（03）：33-34.

[13] 汪斌 . 实行科学化管理，推进全方位考评：关于改进高校考评工作的实践与思考 [J]. 芜湖职业技术学院学报，2021，23（04）：1-5.

[14] 王婷，胡筱婉，叶国庆，等 . 国内外高校伙食管理主要模式及对比分析 [J]. 高校后勤研究，2017（09）：26-28.

[15] 徐炜 . 我国民办高校后勤服务运作模式及成本控制研究 [J]. 当代教育实践与教学研究，2019（19）：108-109.

[16] 徐扬 . 立德树人在高校后勤工作中的践行路径：以中国政法大学为例 [J]. 高校后勤研究，2020（02）：11-13+19.

[17] 杨再娣 . 新时代背景下高校后勤服务工作的育人价值 [J]. 齐齐哈尔师范高等专科学校学报，2023（01）：59-61.

[18] 袁洪君 . 高校后勤人力资源管理标准化体系建设研究 [J]. 高校后勤研究，2020（S1）：77-78.

[19] 张宝利 .W 高校后勤管理工作绩效考评研究 [D]. 中南民族大学，2018.

[20] 张霞，范亚楠，刘岩 . 高校公寓管理中育人路径研究 [J]. 高校后勤研究，2022（02）：26-28.

[21] 张彦军，苏雅洁 . 高校后勤"硬发展"下的"软思考" [J]. 中国高等教育，2023（Z1）：58-60.

[22] 钟汝能 . 新时期地方高校后勤高质量发展的策略探讨 [J]. 云南开放大学学报，2023，25（01）：103-107.